「伝える力」が
面白いほど身につく！

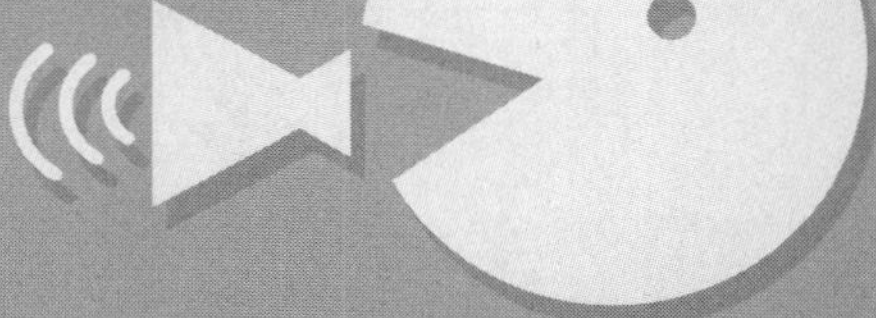

なぜ「伝える力」が必要なの？

いくら知識をインプットして増やしても、それを上手にアウトプットして実践できなければ意味がない。ビジネスにおける交渉やプレゼンはもちろん、ふだんのコミュニケーションにも使えるアウトプットのコツや方法とは？

伝える力

①表現力
②聞く力
③プレゼン力
④好感力
⑤根回し力

が身につくと

↓

みるみる「評価」が高まる！

青春文庫

図解1分ドリル

この一冊で「伝える力」と「学ぶ力」が面白いほど身につく！

知的生活追跡班［編］

青春出版社

人の気持ちを「グッ」と引きつけるワザがぎっしり!!——はじめに

同じことを話しているのに、ちゃんと相手に伝えることができる人とそうでない人がいる。その差はいったい何なのだろうか。

そんな「うまく伝えることができない」と悩む人のために、本書では「伝える力」と「学ぶ力」の身につけ方を、それぞれ図解を交じえながらたった1分間で習得できるようにしてみた。ステップごとに理解度をチェックできる「実践ドリル」も収録しているので、楽しみながら読み進めることができるはずだ。

情報網が飛躍的に発達した現代では、「学ぶ力」を身につける必要がある。しかし、いくら勉強したところでそれを実際に活かすことができなければ宝の持ち腐れになってしまう。「伝える力」を身につけて、学習したことを上手にアウトプットしなければいいたいことが相手にきちんと伝わらないのだ。

本書に書かれてあるテクニックは、ビジネスシーンだけでなく、日常生活でも役立つものばかりだ。ワンランク上の自分になるためにもぜひ身につけてほしい。

２０１３年11月

知的生活追跡班

もくじ

図解1分ドリル この一冊で「伝える力」と「学ぶ力」が面白いほど身につく！

人の気持ちを「グッ」と引きつける ワザがぎっしり!!――はじめに 3

第1部 「伝える力」が面白いほど身につく！

STEP1 「表現力」――わかりやすく伝える言い回しの鉄則

相手の脳に沁み入る話し方のトーンと速度 14
短いセンテンスでわかりやすく話すための「5カ条」とは? 16
「主語・述語」をはっきりさせればトラブルは未然に防げる 18
相手が〝ピン〟とくる「数字・固有名詞」の使い方 20
口下手な人もテンポよく話せるスピーチ原稿の構成とは? 22
オバマ大統領、キング牧師…スピーチ上手な人たちの共通点 24
「脳内整理力」がアップする〝まとめ言葉〟とは? 26
伝わらない説明には4つのポイントが抜けている 28
「非言語」は「言語」よりも多くのメッセージを発している 30
表現力ドリル 32

STEP2 「聞く力」――相手の本音を引き出す質問の仕方

相手の「聞いてほしい心理」をくすぐる3つの動作 34
得する情報がどんどん手に入る〝素人のフリ〟作戦 36
交渉は「質問する側」に立ったほうが勝ち 38
「質問力」は相手の話をしっかり聞くことで鍛えられる 40
売れる営業マンの「質問重ねテクニック」 42
聞き上手な人から盗むべき「決まり文句」と「決まり動作」 44
〝視点置き換え法〟なら相手の心理が手にとるようにわかる 46
いい質問ができる人は「問題発見力」が高い人 48
聞く力ドリル 50

STEP3 「プレゼン力」――より魅力的に演出し相手を説得する技術

脳の〝整理棚〟を利用すれば理路整然と話せる 52
視覚型、聴覚型、感性型…プレゼンは相手のタイプに合わせる 54
新しいアイデアは過去の実例とセットにすると採用されやすい 56
プレゼンでのプレッシャーを取り除く「視線」の動かし方 58
プレゼン直後の「10分間反省会」が次のプレゼンに生きる 60
〝超一流のプレゼン〟を簡単に自分のモノにする方法 62
プレゼンの見本は会議室ではなく〝街〟にある 64
プレゼンを成功させるために必要な「4つの要素」とは 66
プレゼンで大切なことは聞き手をどう〝巻き込む〟か 68
プレゼン力ドリル 70

STEP4 「好感力」――感じがいいと思われる人の話し方・接し方

好かれたい人に好かれる〝映し鏡の法則〟とは？ 72
「情報は積極的に開示する」のができるビジネスマンのやり方 74
ネガティブな言葉を口にしないだけで人は寄ってくる 76
相手と自分の距離を一瞬で縮める〝つくり笑顔の法則〟 78
「感謝の言葉」と「お詫びの言葉」はバリエーションを用意する 80
〝第一印象〟が確実にアップする「名刺トーク」とは？ 82
「明るいイメージの人」が好感度が高い理由 84
焦らないために身につけておきたい〝雰囲気〟とは？ 86
好感力ドリル 88

STEP5 「根回し力」――自由自在に他人を動かす禁断のテクニック

相手の説得が面白いほどうまくいく〝グレーゾーン〟の手法 90
説得する相手の「素性」と「背景」を知っておく 92
上司の信頼を得たいなら「報・連・相」より「相・連・報」 94
上司のバックアップが最大限に得られるボトムアップ根回し術！ 96
意外な効果を発揮する「根回しのための根回し」とは？ 98
根回しするときに絶対使ってはいけないタブー言葉 100
米国ビジネススクールで教える交渉相手を落とす5つの条件 102
リアルな感想や口コミを集める「根回し」が後でモノをいう 104
根回し力ドリル 106

第2部 「学ぶ力」が面白いほど身につく！

STEP1 「学習力」――200％の結果に導く勉強法の極意

〝デキる人〟はなぜ〝朝活〟を習慣としているのか 110
「落ち着きのない姿勢」がむしろ脳を活性化させる 112
他人の力を借りて勉強不足を補う方法 114
2種類の学習が〝同時にできる〟すごい勉強法とは？ 116
短時間で成果が出る「3段階スパイラル方式」 118
情報をスッキリ整理できる「○⇕記述法」 120
「テーマ」を意識するだけで情報は9割わかったも同然 122
学習力ドリル 124

STEP2 「記憶力」――脳の仕組みを最大限に利用した覚え方

脳の前頭葉を活発にさせる「基本三原則」とは？ 126
1日1回笑うだけで「記憶力」は向上する 128
面白い話は〝受け売り〟すると記憶に止まる 130
「脳内ボックス」からスムーズに記憶を抜き出す方法 132

「エピソード記憶」で覚えれば必要なことを一瞬で思い出せる 134
「対話学習」なら情報が何度も脳に刷りこまれるから忘れない 136
〝アイデア脳〟が鍛えられる「ラジオ勉強法」 138
記憶力ドリル 140

STEP3 「持続力」――モチベーションを高く保ち続けるコツ

頭と身体を勉強モードにさせるウォーミングアップのやり方 142
モチベーションを保つためには〝大げさな動機〟がいい 144
スランプに陥ったら「自分以外のせい」にするとうまくいく 146
忙しいときほどその他を全部捨てて一点集中したほうがいい 148
目標のハードルはむしろ〝下げた〟ほうが達成率が上がる! 150
ビジネスでは「苦手なことはそれなりに」でOK 152
〝三日坊主〟を克服する「3つの法則」とは 154
下がったモチベーションを2日で完全復活させるには? 156
10年後のリターンを10倍にする〝自己投資法〟 158
持続力ドリル 160

STEP4 「疑問力」――重要ポイント・問題点をひと目で見つける技術

「当たり前」のことほどおかしいと疑え 162
〝常識の壁〟を破る「スキーマ発想法」とは? 164
アイデアマンには〝あまのじゃく〟が多い 166
「どうしたら楽になるか?」を考えると改善策が見えてくる 168

自分の認識が世間とズレていないかチェックする方法 170
数字は鵜呑みにするな、裏を読め！ 172
新聞の〝水面下〟にある見えない真実をつかむ技術 174
疑問力ドリル 176

STEP5 「収集力」——誰よりも速く深く情報を捉えるテクニック

情報収集の第一歩は情報をあえて〝捨てる〟ことから 178
ネットの「即時性」を最大限に利用する検索法 180
女性は「口コミ」、男性は「比較サイト」でチェックする 182
アイデアが浮かぶ、やる気が出る「スクラップ・テクニック」 184
新聞10紙を30分で読み切る〝時短〟読破術 186
この「ネット検索術」でニュースの裏側を見抜く 188
ネットではなく「辞書」で調べると幅広い情報が得られる 190
情報収集のカギを握る〝キーマン〟の見つけ方 192
考えに行き詰まったら訪れたい「場所」とは 194
ときには〝衝動買い〟で情報を得るといい理由 196
収集力ドリル 198

イラスト　川村 易
DTP・図版　ハッシィ
制作　新井イッセー事務所

STEP 1

「表現力」

わかりやすく伝える言い回しの鉄則

仕事はひとりでやるものではない。どんなに多くの情報を持ち合わせていたところで、それをわかりやすく伝えることができなければ仕事は前に進まない。

相手の脳に沁み入る話し方のトーンと速度

「心に沁みる」いい話というのは、話の内容のよさだけでなく、それに加えて伝える側の〝話し方〟による部分も大きい。

つまり、相手の脳内に沁み入るような話し方をすると、「伝える力」はグンとアップするのだ。

たとえば、ものすごくいい話なのに早口でまくしたてるように話したり、まったく実感がこもっていなければ、聞き手の感動は半減してしまう。

相手の心に沁み入るように話すには、いってみれば**乾いた布に水がだんだん沁みこむような、そんなイメージで話せばいい**のだ。

具体的には、話す速度は少し遅めにし、ムダに大きな声を出したり、オーバーアクションをとったりするのではなく、できるだけ落ち着いたトーンで丁寧に話すことを意識する。大事な部分はたっぷりと間をとって話せば、より効果的だ。

話すスピードによって脳内に記憶される量は変わる

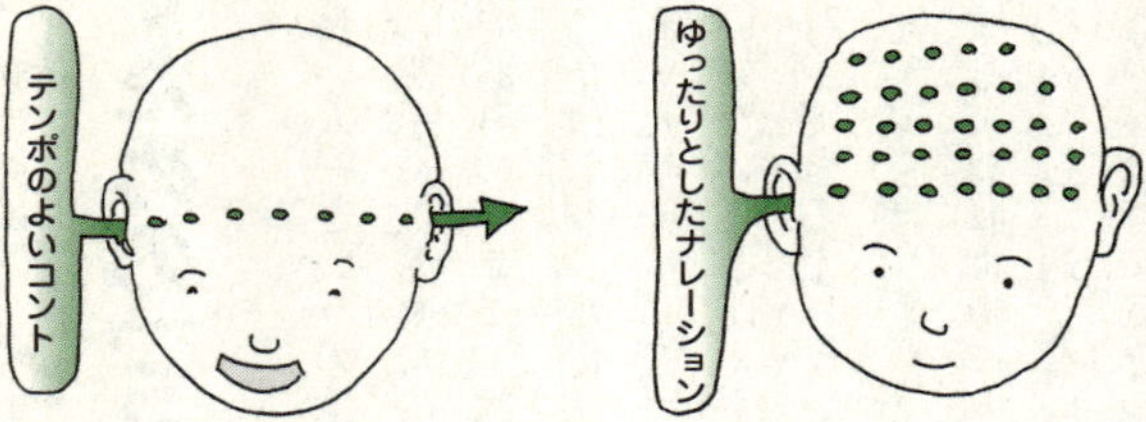

「面白かった」という感情は残っても、内容は残らない

聞いた内容が脳内に残り、理解しやすい

というのも、人間の脳の処理速度には限界がある。一度に大量の情報を詰め込んでも、脳内にきちんと収まることはないのだ。

したがって、**相手に自分の話をちゃんと理解してほしければ、その処理時間、つまり脳内に沁み入る時間をきちんと考慮して話す**ということが大事なのである。

もちろん、聞き手の処理速度には個人差がある。

しかし、その時間を意識しながら話すことを実践していけば、そのうち相手が変わっても「この人にはどのくらいのペースで話せばいいか」が、自然につかめるようになっていくだろう。

短いセンテンスでわかりやすく話すための「5カ条」とは？

話の長い人、というのはとかく嫌われるものだ。そのいい例が、朝礼のときの校長先生の訓示や披露宴での主賓の挨拶などだ。今も昔も、話の長い人にいい印象はないのである。そこで、次の5つのポイントを押さえることをおすすめする。

①できるだけシンプルに話す

気の利いたフレーズをいおうとしてかえって複雑な表現になることはあるが、それではいいたいことが相手に正確に伝わらない。会話の内容をある程度シミュレーションし、できるだけシンプルな言葉で話すようにする。

②わかりやすく言い換える

そのままでは伝わりづらいと思ったら、誰にでもわかるような表現に置き換えてみる。社内でしか通じないような言葉や、年齢によって知識の度合にばらつきが出るような内容は特に気をつけたい。

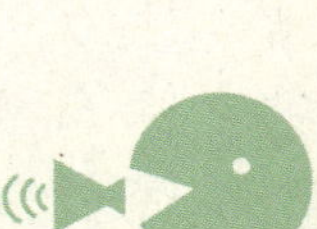

③具体的なデータを添える

会話が締まらない要因のひとつに具体性の欠如がある。そこで、用意できるようなら必ずデータを示すといい。要点を肉付けするような資料は言葉で説明する以上の説得力を持つ。

④優先順位を徹底する

特別な駆け引きがない限り、結論はすぐにいうべきだ。集中力は時間が経つほど低くなるものなので、さんざん前フリを話した後に「ここからが本題です」では、聞く側はうんざりしてしまう。

⑤相手の立場にも気を配る

会話に相手が存在する以上、聞き手の存在を無視してはいけない。「ここまでで、ご不明な点はありませんか」「これについてお考えがあればお聞かせください」という言葉を挟むなど、一方的に話すのではなく、相手の立場も考えた気配りが必要だ。

以上の５つのポイントに注意しながらシンプルに伝えることを心がけると、自然と会話のセンテンスは短くなる。これにより「要点がどこかわからない」「伝えたいことが相手にきちんと伝わらない」という問題を回避できるようになる。

「主語・述語」をはっきりさせればトラブルは未然に防げる

昔の文学や翻訳本などには特に多いのだが、やたらとひとつの文章が長いことがある。なんとなく読み流してしまうと「誰が」「どうした」のかがさっぱり頭の中に入ってこない。つまり、主語と述語の関係性が見えにくいのだ。

それでも文章であれば再読することで正しく理解することはできる。ところが、これが会話だとそうはいかなくなる。

たとえば、契約上のトラブルや会議の報告など、コトの顛末《てんまつ》をきちんと説明しなくてはならないような場合は要注意だ。

当人はその事情を把握しているから、主語や述語を飛ばしても誰がいった言葉なのか、あるいは誰がどういう行動をとったのかを頭の中でイメージできている。ところが、相手は基本的に初めて聞く話だ。**主語や述語がなければ、正しく状況を理解することは不可能**である。

●主語・述語がないと

おととい行ってきたそうですよ

誰が?

○○さんですよ

どこに?

○× 本社ですよ

ああ。で、どうだったって?

なかなか本題に入れない

●主語・述語がはっきりしていると

○○さんがおととい○× 本社に行ってきたそうですよ

で、どうだった?

会話がスムーズで内容がわかりやすい

ちょっと集中力を欠いてるときやエキサイトして意見を戦わせるような場になると、「おととい行ってきたらしい」とか「課長もそうですよね?」というように、短い言葉でも主語や述語が省略されてしまうことはよくある。そうすると、相手は「誰が?」とか「そうですよねの〝そう〟とは何のこと?」などと聞き返してきて、話がちっとも前に進まない。

オフタイムの会話ならともかく、ビジネスにおいてこのやりとりは非効率きわまりない。**話をするときは主語と述語は省略せずに意識して入れる。**ふだんからこれに気をつけるだけで会話力は格段に上がるのだ。

相手が〝ピン〟とくる「数字・固有名詞」の使い方

たとえば「通りの向こうでものすごい行列ができていた」と聞いたら、あなたはどのくらいの行列を思い浮かべるだろうか。

当然ながら、その**イメージは人それぞれで異なる。**「ものすごい行列」を10数人と思う人もいれば、通りを占拠するような大行列を思い浮かべる人もいるだろう。

しかし、こうした表現は極力避けるべきだ。たとえば「当社の製品は業界でもかなりのシェアを誇っておりますので」といわれても、いったいどれぐらいの数字を指しているのか、いわれたほうはピンとこない。

それよりは「前年度の業界シェアは約85パーセントでした」というように、**できるだけ具体的な数字で示したほうが相手には伝わりやすい**のである。

また「この計画を実行する前に上のほうに確認をとります」というような表現も曖昧な言い方だ。特別な事情がない限り「上のほう」は「山田部長」というように

具体的に話すと内容がきちんと伝わる

・話題の店に行ってみたらかなりの行列ができていた。
・話題の店に行ってみたら100人以上の行列ができていた。

注目度の高さが伝わる

・これはぜひ社に持ち帰り、上の方に通してみます。
・これはぜひ社に持ち帰り、役員会議にかけてみます。

決定権のある、なしがわかる

数字や固有名詞を意識して話すと知的にも見える

固有名詞を出したほうがイメージはつきやすいし、誤解もない。

ふだんの会話でも「これ」「それ」「あそこ」「どこ」など、いわゆる〝こそあど言葉〟は頻繁に出てくる。気心の知れた仲間内や家族ならいいが、あまり多用しているとうっかり取引先相手などにも「えーっと、ほら、その通りをちょっと歩いた右側のビルが……」などと、具体性を欠いた表現になってしまう。

こういう場合は「中央通りを50メートルほど歩いた右側の山田ビル」など、できるだけ具体的に話すと相手の理解度もさることながら、自分の記憶力向上にも役立つのだ。

口下手な人もテンポよく話せるスピーチ原稿の構成とは？

長く話したわりには、相手にいまひとつ伝わらないということは多い。こういうパターンに陥る人には共通点がある。それは前置きが長かったり、話題が多すぎることだ。

ひとつのスピーチを10だとして、本題に入るのが5～6分目あたりだとすると、前置きだけで相手の脳の容量は目いっぱいになり、残量はごくわずかしかない。

しかも、話す時間が5分しかないのに、3つも4つも話題を入れると、結果としてひとつの話題は1分そこそこしかなく、どれも中途半端に終わってしまうのだ。

伝えたいことはできるだけ簡潔にまとめテンポよく話すようにすれば、イメージどおりに伝わるのだ。

また、話題が多すぎると「すぐ脱線する」というネガティブイメージもつきかねない。巧みな話術を身につけるまでは、確実にひとつの話をするといいだろう。

スピーチは詰め込みすぎないことが上達への第一歩

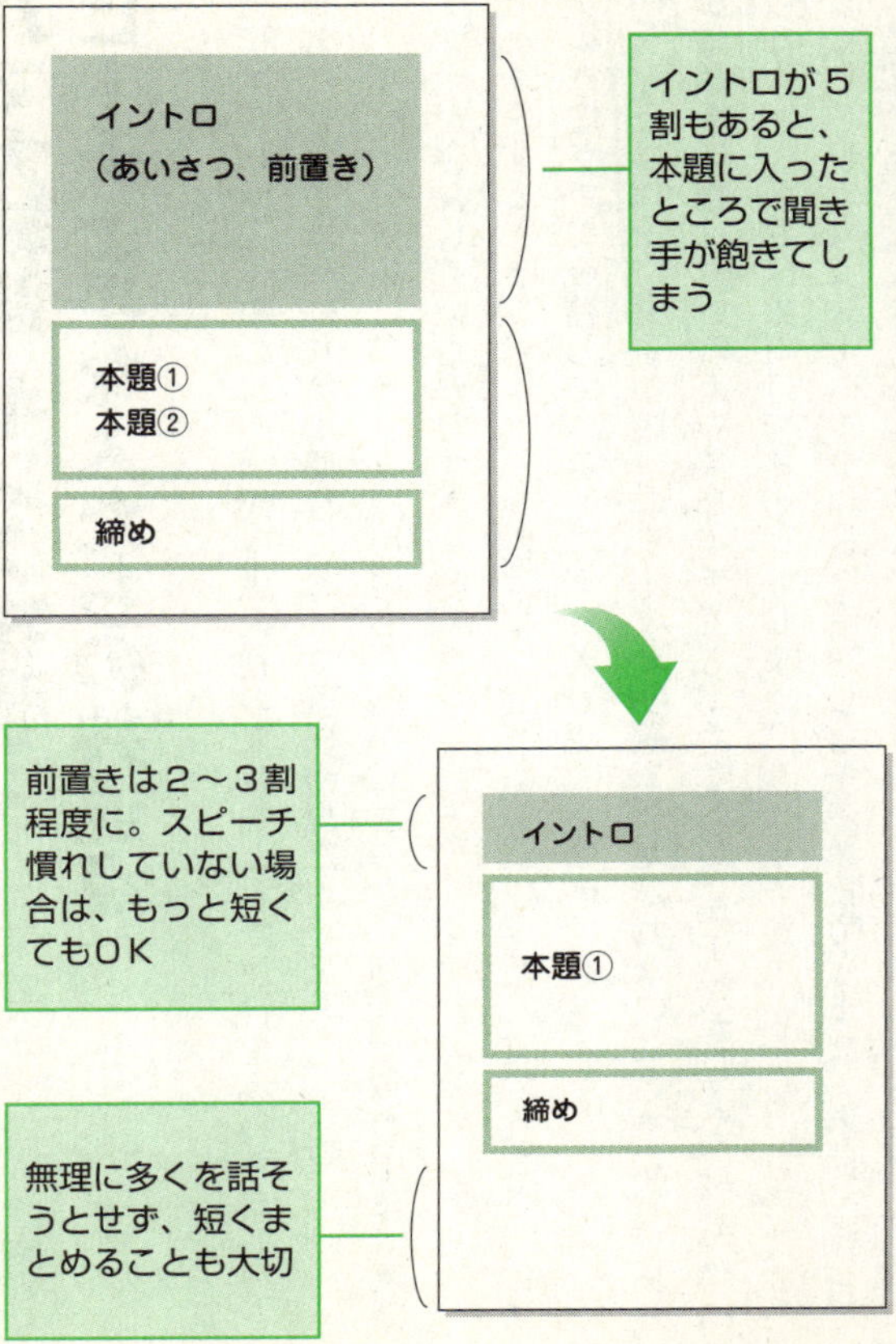
イントロ
（あいさつ、前置き）
本題①
本題②
締め
イントロが５割もあると、本題に入ったところで聞き手が飽きてしまう
前置きは２～３割程度に。スピーチ慣れしていない場合は、もっと短くてもＯＫ
無理に多くを話そうとせず、短くまとめることも大切
イントロ
本題①
締め

オバマ大統領、キング牧師…スピーチ上手な人たちの共通点

第44代アメリカ大統領のオバマ氏は黒人初の大統領として注目を集めたが、彼を一躍有名にしたのはやはり第1期目における就任演説だろう。

では、なぜ彼の演説はアメリカ国民の心を動かしたのか。それは彼の中に**「明確なテーマ」が存在していたから**である。

スピーチをするとき、人はとかく話術にこだわりがちだ。「話し方のうまさ」が「スピーチのうまさ」に直結していると考える人も少なくない。

しかし、それ以上に大事なのは**「テーマが明確で話がぶれないこと」**なのである。どんなに話術に長けている人のスピーチでも、支離滅裂でテーマが見えなければ「口が達者な人」という印象だけで終わってしまう。

同じくアメリカ人でノーベル平和賞を受賞したキング牧師もまた、半世紀経ったいまでも語り継がれる演説の名手であるが、彼が発した「I have a dre

まずはテーマを明確にして情報の枝葉を伸ばす

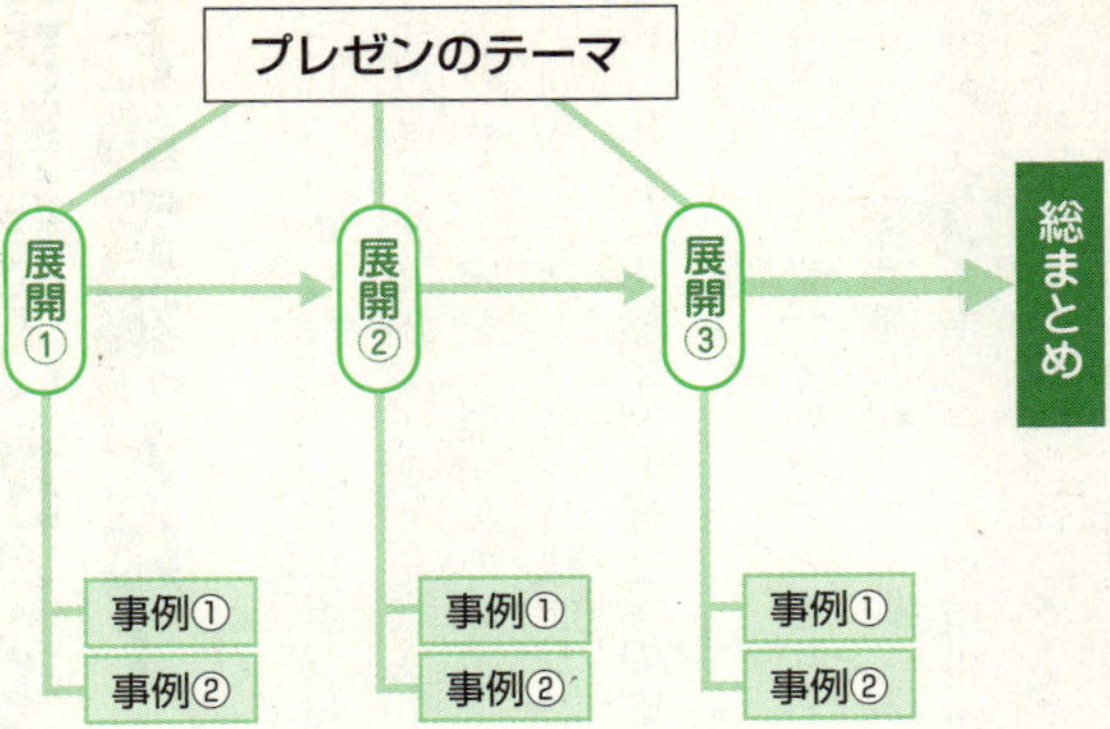

am」（私には夢がある）という言葉が人々の心をつかんでいるのは、その夢が「人種差別撤廃」という確固たる主張を明確に表現しているからなのだ。

だからといって、こうしたキメ台詞を日ごろの仕事の中で使えといっているのではない。むしろビジネスの場では、このような狙い過ぎのスピーチは間違いなく浮いてしまう。

彼らに学びたいのは、明確なテーマを持つということが、いかに人の心をつかむか、ということの1点だ。これさえはっきりしていれば、迷いのないスピーチができる。伝え方や表現方法はその人のやり方でいいのである。

「脳内整理力」がアップする〝まとめ言葉〟とは？

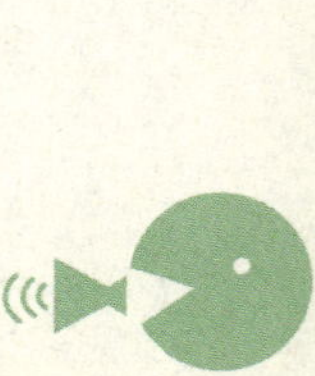

会話というものは時間が経てば経つほど、言葉も増えて情報量が多くなる。どんなに話し手がわかりやすく説明しても、また、どんなに聞き手の理解力が高くても、そこで話された内容を整理するのは簡単ではない。しかも、話の内容が濃ければ濃いほど、聞き手にはより高い整理能力が求められる。

そういう場合は、**話す側が聞き手の整理作業をアシストするような言葉を挿入するのが望ましい**。「つまり……」とか「結局……」のように、「このあとに話すことが大事な部分ですよ」ということを知らせる〝まとめ言葉〟である。

このような言葉が飛び出すと、聞く側の脳は自然に反応する。まだ整理されずに脳内に浮遊しているキーワードや情報が、これをきっかけに一気に仕分けられる。それほど重要でない情報は淘汰され、まとめ言葉の中に出てきたワードに関連する情報だけがしかるべき場所に整理されるのだ。

長く複雑な説明も「まとめ言葉」を使うと理解されやすい

また、「肝心なのは」とか「重要なのは」というように、直接的な前置きを使うことも同様の効果はあるが、どちらかというと、こちらは内容の重さを感じさせる効果が高い。

それよりは「つまり」とか「結局」という短いまとめ言葉のほうがより端的で、しかも相手の都合で整理するのに向いているのだ。

それに、**まとめ言葉を発すると相手だけでなく自分の頭の中の整理もつきやすい。**相手が整理しやすいように話をするには、順序よく話すことが必要である。

特に話題が変わったりする場合には、要所要所で入れるよう心がけたい。

伝わらない説明には4つのポイントが抜けている

単なる飲み会やお茶会なら、とりとめのない話で盛り上がるのは楽しいものだ。話の内容がちゃんと伝わっていようがいまいが、その場が和んでメンバーに笑顔が絶えなければそれでいい。

だが、ことビジネスではそうはいかない。必要な用件を伝えたら、それにしたがって相手に動いてもらわなくてはならないからだ。

たとえば、仕事を割り振るときに「今週中にこのような資料が必要になるから、よろしく」だけでは、相手は思ったとおりに動いてはくれない。

まずは、何のために、どういう理由でそれをしなくてはいけないのか説明する必要があるのだ。

切り出しは、「注意喚起」だ。**「ちょっと困ったことになったんだけど……」など**と、**相手の注意を自分のほうに向けるひと言**が必要だ。

次に、「じつはこういう仕事の依頼を受けてね」と興味を引き出し、その内容を説明して理解させる。

そこで「了解です、やってみましょう」と合意を得ることができれば、行動に結びつけることができる。

ここまでできてはじめて、伝えることの目標を達成したことになるのだ。

これは、企画書をつくるときなどにも通じる方法だ。

人に自分の考えを伝えるのが苦手という人は、相手の注意を呼び起こしたり、興味を引き出すという前段階の作業を怠っていることが多い。

イントロダクションもなしにいきなり本題を理解させようとしたり、さらには相手の合意を得ることや、どう動いて欲しいかということを伝えることもすっかり抜け落ちてしまっているのである。

その結果、また自分のいったことが伝わっていない……と自己嫌悪に陥ってしまっているのだ。

「注意喚起」「興味を引き出す」「理解させる」「合意を得る」「行動を起こさせる」という段階を踏めば、間違いなく自分の意図が相手に伝わるのである。

「非言語」は「言語」よりも多くのメッセージを発している

メールや手紙ではなく、他人に自分の考えを直接伝えるとき、何がその手段になっているだろうか。

もちろん、それは「言語」である。少なくとも、自分では言葉を駆使して相手に伝えようとしていると思っている。

だが、それが聞く側に回ったときには違うように感じるはずだ。

相手が発している言葉を確かに聞いてはいるが、それ以外にも**相手のしぐさや目線、声のトーンや大きさなどの「非言語」にも無意識のうちに注意している**のではないだろうか。

むしろ、言語よりも非言語からのほうがより多くのメッセージを受け取る可能性があるといっていいだろう。

たとえば、口では「いいですよ、構いませんよ」といっている人の表情が硬かったり、ちょっと不機嫌そうだったりしたら、本心ではきっと嫌がっているのだろうと読み取ってしまう。

また、「大丈夫です」といいながらも顔が苦痛でゆがんでいたら、絶対に大丈夫ではないと悟ることができる。

つまり、言語と非言語が一致していなかったら、**人は非言語のほうからより多くの情報を得ようとする。そして、非言語から伝わるメッセージのほうを信用しようとする**のだ。

このことを踏まえておくと、人にメッセージを送るときにはどのようにすればいいのかがわかる。言語と非言語を必ず一致させるのだ。

「自信を持っておすすめします」といいながらも、声に自信がなさそうだったり、目線が上目遣いだったりしたら、本当は自信がないのではないかとか、何か都合の悪いことを隠しているのではないかなどと勘ぐられてしまう。

そんなつまらない損をしないためにも、マイナス要素になるような自分のクセを見つけておきたい。

そして、**常に言語と非言語を一致させるように心がける**ことが大切だ。

表現力ドリル

質問①

友人を紹介するときに、どちらの表現のほうがより相手に好印象を与えることができるだろうか？

A「彼はちょっと怒りっぽい。でも、根はやさしい」
B「彼は根がやさしい。でも、ちょっと怒りっぽい」

質問②

食事をしているときなどによく使う「おいしい」という表現を別の言葉で言い換えるなら、どのような表現があるだろうか。思いつく限り書き出してほしい。

質問①の答え…A
一見どちらも同じことをいっているようにも思えるが、最初に否定的な内容を伝え、次に逆説的な内容（肯定、賞賛など）を伝えると、あとでいった内容のほうが強い印象となって残るのだ。

質問②の答え
「ほっぺたが落ちるよう」「うまい」「いい味」「歯触りがたまらない」など。いつも決まりきった言葉ではなく、ときには意識して別の表現を使ってボキャブラリーの幅を広げてみよう。なお、このような表現力を磨くためにも読書は欠かせない。

STEP 2

「聞く力」

相手の本音を引き出す質問の仕方

相手の本音や必要な情報を手に入れたいなら、相手に対してやみくもに質問を投げつけるだけではダメだ。プロのインタビュアーも実践するヒアリングのコツとは？

相手の「聞いてほしい心理」をくすぐる3つの動作

人と話すのが苦手な人は、まずは聞き上手になるといい。

聞き上手になるということは自分よりも相手に楽しく話をさせるということだが、この裏に隠されているのは、「人は誰でも自分の話を聞いてほしいという心理がある」ということだ。

そこで、これを利用してというわけではないが、**相手に何かモノを尋ねるときは「教えを乞う姿勢」に徹する**といい。

たとえば取引先でも、ちょっとわからないことがあれば遠慮なく「勉強不足で申し訳ないのですが……」と解説を求めるといいのだ。ビジネスの現場でこうした姿勢をとることは、けっして相手を不快にさせるものではない。むしろ、自尊心をくすぐり気分を良くさせる効果があるのだ。特に事情通を自認している人や、ふだんから話好きな人なら喜んで話してくれるだろう。

誰でも「話を聞いてほしい」という心理を持っている

聞く姿勢

①熱心に聞く
②うなずきながら聞く
③真面目に聞く

では、こちらはどのような態度で聞けばよいか。

そこはやはり熱心に耳を傾け、話の途中でさらにわからないことが出てくれば「その部分をもう少し詳しくお願いします」とか「では、このような場合はどうなりますか？」などと、質問を重ねてもいい。話を進めていくうちに、場合によっては相手から思わぬ情報を聞き出せる可能性だってあるのだ。

極端にいえば、ただ相槌を打ちながら聞いているだけでも問題はない。話を聞きたい、**教えを乞いたいという姿勢が伝われば、その会話にはプラスアルファの効果が出てくる**のだ。

得する情報がどんどん手に入る〝素人のフリ〟作戦

本当はよく知らないのに、つい知ったかぶりをしてしまう……。こんな経験は誰でも一度くらいはあるだろうが、もちろん褒められたことではない。なぜなら正しい情報を得られないばかりか、結果として自分が損をする確率が高いからである。

たとえば商談の場などでは、会話の最中に「説明しなくても知ってるよね?」という暗黙の空気が漂うときがある。内心はわからなくても「もちろん知っています」という表情をしてうんうんと頷けば、相手は共通の認識があると判断して話を先に進めてしまう。ところが、得してその部分が重要なポイントであることが多い。

たしかに、相手に〝説明不要〟と判断された情報を自分が知らなければ「恥ずかしい」「知っているふりをしたい」という意識が働くのは理解できる。

しかし、**完璧な知識を持っている人はまずいないし、知らないことは恥でも何でもない。**むしろ「知らずに話を進めたことによって招く弊害」にこそ心を配るべき

「これに関して〝だけ〟素人」になりきる

アレのことだけど
ああ、アレのことですね…
ちょっと待ってください。説明をお願いします

この質問力で仕事のトラブルは回避できる

なのだ。

この自意識を取り払うには、〝素人〟になりきることである。

もちろん社会人として〝ズブの素人〟では問題なので、**「その情報に関して（だけ）自分は素人である」と思い込めばいい。**そうすれば自然と聞くことに抵抗がなくなるのだ。

改めて話を聞くことで、自分が誤った理解をしていればそれを修正することもできるのである。

知らない情報に遭遇したときは、素人になりきって「説明をお願いします」と相手に求める。これだけでその情報は自分にとって有益になるはずだ。

交渉は「質問する側」に立ったほうが勝ち

仕事をしていて最も会話のスキルが求められるのは、ずばり交渉の場だ。相手の出方を観察しながら少しずつ手の内を見せていく。シビアな契約なら、このような駆け引きもけっして珍しくはないだろう。

こんなとき、覚えておきたいちょっとしたコツがある。それは、**会話の中ではできるだけ質問する側に立つ**ということである。

たとえば、ひとつの契約についてお互いが内容や予算などについて話し合うとする。そのときにいろいろと質問されれば、された側は答えざるを得ない。

しかし、そこには多少の駆け引きが存在するから、何を聞かれてもよどみなく話せるという自信でもない限り、質問内容によってはしどろもどろになる場合も出てくる。そうなったら、本来は隠し玉にしようとしていたであろう手の内が見えたり、思わぬ本音がチラリとのぞいたりするものだ。

なぜ、質問する側に立つと交渉が有利になるのか

○○についてはどうお考えですか？
こうするつもりです
なるほど、どんなふうに展開させるのですか？
△△だと思っています
質問者になると持ち札を出さずに交渉できる
質問されると持ち札を出さざるを得ない

もう、おわかりだろう。**商談の席の会話では、質問される側よりも質問する側のほうにアドバンテージがある**ということなのである。

特に腹を探り合うような局面では「これについては具体的にどのようにお考えですか？」とか「状況が変わったらどう対応されますか？」などと質問する側に回れば、相手の持ち札が1枚ずつオープンになる。こうなればしめたものだ。

質問の回数が多ければ、それだけ答える側は多弁になる。多弁になればどんどん相手の考えが透けて見えてくる。交渉ではいかに相手から多くの言葉を引き出せるかが勝負なのだ。

「質問力」は相手の話をしっかり聞くことで鍛えられる

国会の質疑応答などを見ていると、明らかに質問の内容と答えが食い違っているときがある。たいていは、質問を受けた与党側がはぐらかすようなケースだが、なかには「その質問自体がトンチンカンでは？」と思わざるを得ない場合も多い。

ところで政治に限らず、ビジネスでもこういう場面はときどき見受けられる。

同じ話題を共有しているはずなのになぜか会話が噛み合わない。このような場合は、たいていどちらかが相手の話をよく聞かないタイプだったりする。**自分の脳内だけで物事を考えているから、的外れな質問ばかりして話が進まない**のである。

これを踏まえると、**的を射た質問をするためには、相手の話をしっかりと聞くことが大事**だ。そうすれば、自分だけの思い込みや勘違い、誤解などによる問題点を少なくとも回避できる。それによってズバズバと的確な質問をできれば、相手もきちんと理解されていると感じ、両者の関係性もよりスムーズになるのだ。

あなたは大丈夫？「質問力診断」

相手の話の冒頭だけを聞いて、わかったつもりになることが多い	Yes ／ No
人が話している途中によく考え事をしてしまう	Yes ／ No
１対１で話をすると、すぐに話題が途切れてしまう	Yes ／ No
電話で話すとき、相手の声とかぶることが多い	Yes ／ No
話している相手が話題を変えてくることがよくある	Yes ／ No
テレビなどで見たニュースの話をすると、よく間違いを指摘される	Yes ／ No
長いカタカナ言葉を覚えるのが苦手だ	Yes ／ No

★Yes が４個以上あれば要注意。６個以上あると〝トンチンカンな質問〟をしている可能性大なので気をつけたい。

売れる営業マンの「質問重ねテクニック」

2014年4月に消費税が8％になるが、消費者はもちろんのことモノやサービスを販売する営業職などは苦戦を強いられるだろう。

しかし、そんななかでもしっかり売っているエース級の営業マンは少なからず存在する。では、ふつうの営業マンと彼らは何が違うのか。そのひとつと考えられるのが、まさに「質問力」なのである。

わかりやすく説明するために、たとえばあなたが家電量販店に行ったと仮定しよう。目的は新型のテレビだが、どうしても買いたいわけではない。

テレビの前で考え込んでいるあなたに店員が話しかけてくる。「これ、出たばかりで性能もいいですよ」「そうですか……」。これだけの会話では購入する気にはならないだろう。

しかし、店員が続けざまに「なぜこの製品が気になりましたか？」「ふだんはど

うまく質問を重ねると相手の本音が引き出せる

どんなタイプをお探しですか？
いえ、特には…
この製品などは気になりますか？
そうですね
どんな映像をよくご覧になりますか？
ＤＶＤで映画とか
映画でしたらこの商品などはいかがでしょうか？
ここから商品説明を開始！

のような機能を使うことが多いですか？」「予算はどのくらいですか？」など聞いてきたら、あなたは質問されるうちにだんだん購入後のイメージが浮かんできて、がぜん購買意欲が湧いてくるにちがいない。

つまり、**できる営業マンが持つ質問力とは、相手のニーズを的確に聞き出して、なおかつ〝その気にさせる〟能力**のことなのである。

もちろん、質問攻めにして嫌がられることもあるだろうから、他に適したやり方がある場合もある。しかし、相手の考えを聞きだそうとする心構えは常に持っていたほうがビジネスはうまくいくのだ。

聞き上手な人から盗むべき「決まり文句」と「決まり動作」

相手に話を聞くことは誰にでもできるが、スポーツや音楽などと一緒で会話には〝センス〟というものがある。具体的にいえば言葉の選択や話の運び方、相槌の入れ方などだが、もともと日本人には口下手な人が多いせいか、「この人はセンスがあるな」と思える人は少ないかもしれない。

それでもテレビやラジオでは、相手の本音や驚くような名言を引き出すように、うまく会話をリードしている人がいる。堅物の政治家や無口なアーティスト、喋り慣れないアスリートなどに対し、彼らは巧みな話術で相手の心を裸にするのだ。

口下手な人は、こうしたインタビュアーを真似るのが手っ取り早い。そうすることで話の切り出し方や質問のポイントなど、相手がつい話したくなるような質問力を体感できる。上達への近道はモノマネすることである。プロ並みのスキルが会得できなくても、ヒントになることは間違いない。

好きなインタビュアーを真似するときの3つのポイント

言葉を真似する

「なるほど～なんですね」「そうきましたか」など、相手が話を続けたくなる相槌の打ち方

〝間〟を真似する

相手の言葉に驚いたときや、感銘を受けたときなどにすぐに返答せずに〝間〟を持たせる方法

姿勢を真似する

前に乗り出したり、軽くうしろにのけぞってみたり、効果的なジェスチャーの取り入れ方

〝視点置き換え法〟なら相手の心理が手にとるようにわかる

誰もが一度や二度は、親や先生から「相手の立場になって考えなさい」といわれたことがあるはずだ。自分のことだけを考えず、相手の立場に自分を置くことで、それまで見えなかったものが見えてくる。いい換えれば、相手のことをより深く理解するということでもある。

仕事上のトラブルの多くもまた、同じように立場を「置き換える」ことで切り抜けることができる。そして、それにより新たなヒントが見えてくる場合もあるのだ。

たとえば、自分は絶対にうまくいくと信じているやり方やプロジェクトに、上司が「イエス」といってくれない。そんなときは上司の立場に自分を置き換えてみるのである。

すると、ほかの社員との兼ね合いを見ている上司の視線に気づいたり、会社全体の今後の展開を予測していることに気づいたりする。それまでの自分にはなかった

自分を「質問される側」に置き換えるといい質問者になれる

自分が質問される側だったら…
・いきなり核心に触れる質問はされたくない
・丁寧な言葉遣いで聞いてほしい
・聞きたいことを簡潔に伝えてほしい
自分が聞かれたい質問を考える

モノの見方を知ることで、上司も納得できる新たな発想が生まれるだろう。

また、同じ仕事であっても部署が違えば発想も異なってくる。

重要なのは、立場を置き換えて、相手だったらどう考えて行動するかをシミュレーションすることだ。そこに新しい視点や発想の発見がある。

また、相手の立場を理解することにより、事前に衝突を避けることもできる。衝突せずにお互いが率直な気持ちで向き合えば、前向きで建設的な意見も出し合えるだろう。たとえ衝突することがあったとしてもそれをプラスに転じさせることで、新しい展開が見えてくるはずだ。

いい質問ができる人は「問題発見力」が高い人

学生時代にそれなりに優秀だったという人も、子どものころにはひとつくらい不得手な教科があったのではないだろうか。

国語は得意なのに算数はまるでダメで、思い切って先生に質問したいけれど、それができない。なぜなら、何がわからないのかが自分でわからないからだ。これでは苦手教科はいっこうに克服できないだろう。

もちろん、このことは子どもの世界の話だけではない。ビジネスの世界でもおおいに当てはまるのである。

「仕事」とはそうそういつもスムーズに運ぶものではない。むしろ、常に**社内や社外に発生する問題を解決しながら進めるもの**だといってもいい。

であれば、どこに問題があるのかを発見できなければ仕事は立ち行かなくなる。

つまり**「問題発見力」のスキルが非常に重要な能力**だといえるのである。

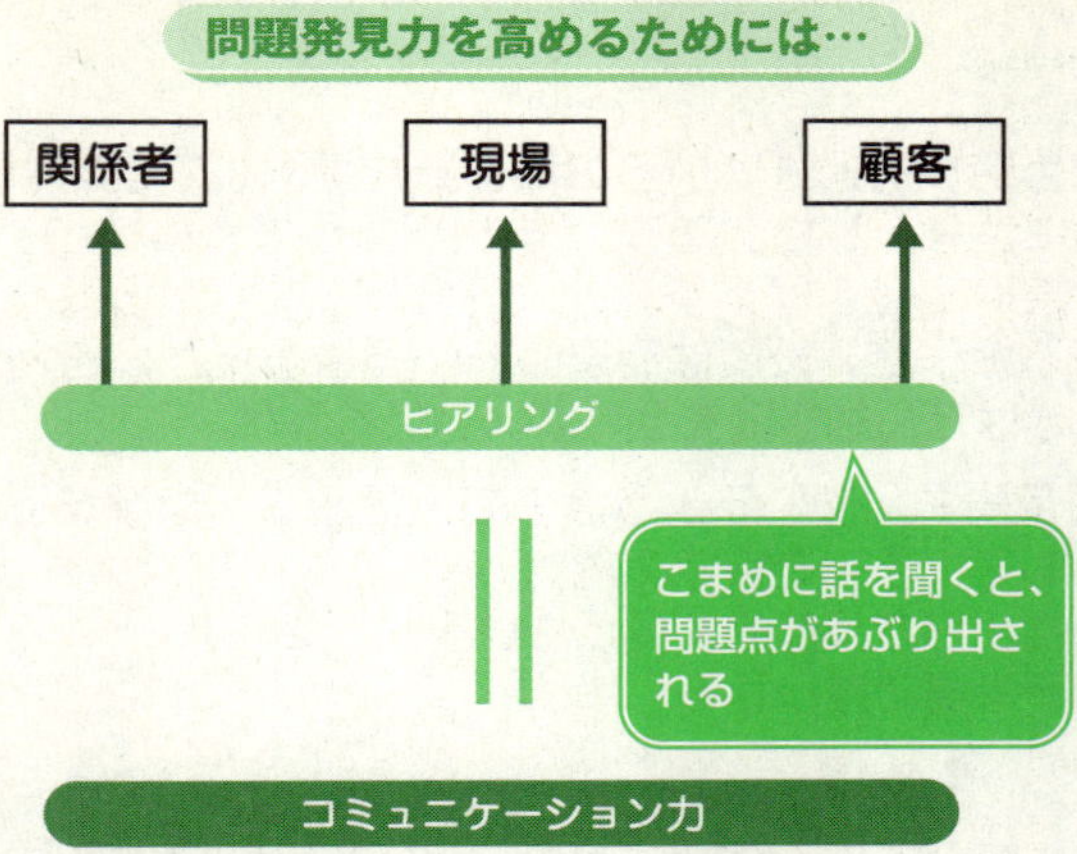
問題発見力を高めるためには…
関係者
現場
顧客
ヒアリング
こまめに話を聞くと、問題点があぶり出される
コミュニケーション力

そして、この能力は「質問力」とも密接な関係にある。

問題発見力に必要なのは、発想力や解決力など複合的な能力だが、つい忘れがちなのがコミュニケーション力である。**どこにどんな問題が潜んでいるかを発見するには、関係者へのヒアリングが不可欠**だからだ。

相手とコミュニケーションをとるなかで常に話を聞く耳を持ち、質問することで問題を深く掘り下げていく。

埋もれた遺跡を掘り当てるようにコツコツと質問できる力が備わっていけば、おのずと問題発見力が身についていくことだろう。

聞く力ドリル

質問①

締め切りを過ぎているのに書類を提出してこない後輩に注意をしたところ、「申し訳ありません。とにかく急いで仕上げます」と、明らかにこれから取りかかる様子だ。後輩は反省しているようだが、こんなときはどんな態度をとればいいだろうか。

A 反省もしているようなので、信頼して書類を提出してくるのを待つ
B 提出日を具体的に提示させる
C その場で書かせる

質問②

話を聞いている相手が次に挙げるような動作をしてきたら、その人はウソをついているか、あるいは話の内容にうしろめたいことがある可能性が高い。さて、相手の動作で注意しておきたいのはどれだろうか？

A 何度も鼻の頭をかく
B 自分の頬にふれる
C 口元を隠すようにする

質問①の答え…B
Aのようにあいまいにしてしまっては、後輩から「この人はちょっとくらい遅れても大丈夫な人だ」と思われてしまう可能性がある。だからといってCのように余分なプレッシャーをかけて関係をこじれさせるのも得策ではない。Bのようにいつまでにできるかを聞いてあげることで、相手に責任感を持たせるようにしたい。

質問②の答え…ABC のすべて
人はうしろめたいことがあると、その表情ばかりかウソをいっている口そのものを無意識のうちに隠そうとする。ABC の動作はすべて自分のウソを隠す行為につながるのだ。

STEP 3

「プレゼン力」

より魅力的に演出し相手を説得する技術

多くの人が苦手としているプレゼンテーションだが、いくつかのポイントさえ押さえておけば恐るるに足らずだ。次のプレゼンからすぐに使える目からウロコのプレゼン術とは？

脳の〝整理棚〟を利用すれば理路整然と話せる

完璧な用意をしてプレゼンをしたのに、なぜか相手の気持ちを動かすことができなかった——。こんなときにチェックしてほしいのは、相手が理解している度合について、配慮をしたかということだ。

あなたにとってはずっと温めていたアイデアだったかもしれないが、基本的に相手にとっては初耳の話である。したがって、相手の脳はあなたよりもずっと遅いスピードで情報を整理している可能性があるのだ。

人間の脳内には〝整理棚〟のようなものがあって、入ってきた情報をそれぞれ収めるべき位置に仕分ける作業が常に行われている。まず、聞いた情報の本質を理解し、その情報がどこに仕分けられるのかを判断する。そのうえで、自分なりに理解して整理棚にしまうのである。この一連の作業には一定の時間がかかる。

つまり、あなたが話を3割まで進めたとしても、相手がまだ1あたりを整理して

情報が脳内の〝整理棚〟に収納されるまで

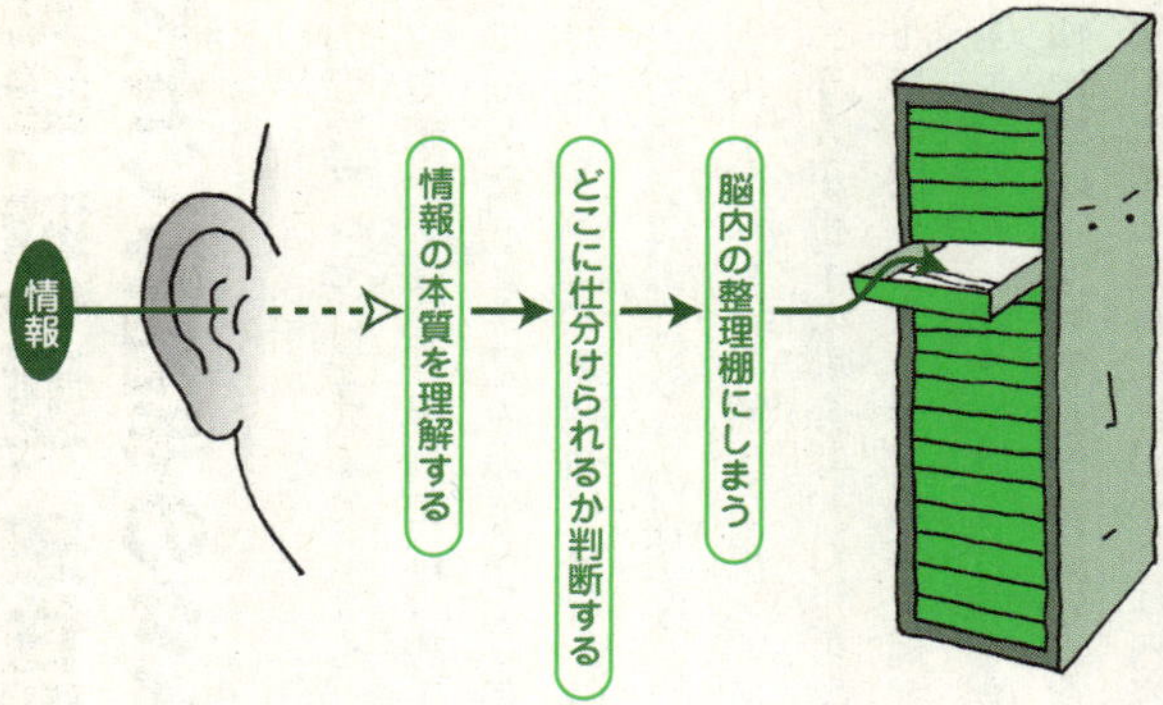

いれば、その間に話した内容はしっかりと伝わっていないかもしれないのだ。

これを防ぐには、**プレゼンの展開に脳内作業時間をあらかじめ組み込んでおくことだ**。理解に時間がかかりそうな項目は意識的にゆっくり話したり、複雑な内輪の事情については、ちゃんと相手に伝わるように丁寧に説明する。

いま、何に関して話をしているのか、それが全体の中でどんな位置づけになるのかは、相手の脳内整理棚をイメージしつつ、折りにふれてフォローすることが必要だ。これらを意識して展開を組み立てれば、おのずと理路整然としたプレゼンになるのである。

視覚型、聴覚型、感性型…プレゼンは相手のタイプに合わせる

同じ内容のプレゼンをするにしても、相手によってアプローチ方法は変えたほうが成功する確率が高い。それには、相手が**「視覚型」「聴覚型」「感性型」**のどれに当てはまるかを、まず見極めてみることが先決だ。

視覚型というのは、文字通り目からの情報に敏感なタイプの人のことだ。たとえば、目撃したあるハプニングの様子を詳細に話したり、「○○さんは△△に似ている」などと表現したりして、物事を視覚的にとらえる。

こういう人が相手の場合は、ただ言葉だけで内容を伝えるのではなく、フローチャートなどを使ってプレゼン内容を視覚化して訴えるといい。ちなみに、下を向いたりすることなく、顔を上げて目線を合わせながら話すことも大事である。

次の**聴覚型は、目で見た情報よりも耳で聞いた情報への理解度が高い人**を指す。

ただし、そのぶん説明が甘かったり内容に矛盾点があったりすると、すぐに突っ込

プレゼンの相手がどのタイプかを見極めよう

視覚型	聴覚型	感性型
・情報を「絵」でとらえるタイプ	・耳で聞いた情報への理解度が高いタイプ	・第一印象や直感を重視するタイプ
イラストや写真を使って視覚に訴えると効果的	理路整然とした説明なら納得させやすい	感性に訴える演出されたプレゼンが効果的

まれるので、プレゼンをする内容に筋が通っているか十分確認する必要がある。

そして最後の**感性型だが、こちらのタイプはとにかく第一印象や直感を重視する**傾向にある。ひらめきには長けている反面、ムードに流されやすい部分もある。

したがって、プレゼンの場では極力いい雰囲気をつくるのが大切だ。

相手に「こいつとならやれる！」と成功することを予感させられればゴーサインが出やすい。

もちろん、常にこの3タイプへの対策が同時にできていれば、それはかなりの完成度の高いプレゼンであるといえる。最終的にはそこを目標にしたいものである。

新しいアイデアは過去の実例とセットにすると採用されやすい

プレゼンで相手の首をタテに振らせるのに最も大事なことは、いかに説得力をもたせるか、である。

相手を**納得させるには「これは成功するだろう」と確信できる材料がそろっていること**が大切だ。そのためには、プレゼンの内容のすべてに辻褄が合わないものがあってはならない。となれば、どの事柄にも何らかの裏づけが必要である。

たとえば「○○業界は2月と8月は全体的に業績が冷え込む」など、プレゼンをする相手との間で一定のコンセンサスを得ているものや、「製品Aはモデルチェンジの直前に営業をかけると爆発的に売れる」というように、過去の実績に基づいてすでに承認されている了解事項があるとする。

こうしたものは、プレゼンの新しい裏づけとして積極的に再利用するのが賢いやり方だ。少なくともその部分に対して理論上は抜け穴はなくなるし、すでに実績と

過去の実績は次の提案の裏づけになる

〈A商品〉

・2008 年の不況下に売上げが大幅に増加した

・色はダークカラー

・春期よりも秋期に火がついた

・イメージキャラクターを熟年モデルにしたことで好感度が上がった

過去の実績をリスト化しておくと便利

して客観的に認知されているので、これ以上好都合なデータはない。

新しいアイデアをむき出しのまま持っていくのは新鮮味がある半面、何の判断材料も持たないために相手を不安にさせるだけだ。だが、こうした**裏づけをセットにすることでそのアイデアは一気に現実味を帯びてくる。**これが、プレゼンにより説得力を持たせる材料になるのだ。

そのために、日ごろから情報収集のアンテナの感度を高めておこう。自社だけでなく、他社の情報もチェックしておくといいだろう。そのうえで、裏づけになるような事例を常にストックするようにしたいものである。

プレゼンでのプレッシャーを取り除く「視線」の動かし方

アガリ症の人は少なくない。人前に出ると、つい舞い上がってしまい、顔が赤くなり、頭の中が真っ白になって何もできなくなってしまうのだ。

こういう人は、たとえばプレゼンや会議で発言をしようと思っても、なかなかうまくいかない。なかには、自分がプレゼンをすることが決まったときから、すでに動悸がする人さえいる。

しかし、仕事となればアガリ症などとはいっていられない。アガリ症が原因でミスをして、それ以降の重要な仕事のチャンスがめぐってこないということもあり得る。何とかして克服したいものだ。

では、どうすればいいのかというと、ともかく**人前に出る経験を重ねる**ことである。といっても、いきなり大勢の前にひとりで出ていき「プレゼンしてみろ」といわれても無理だろう。小さな経験を重ねて、少しずつでいいから慣れていく。単純だが、これこそが唯一にして確実な方法だ。

たとえば、会議室など人が大勢集まる場所では、**特に用がなくても前のほうに座り、多くの人の視線を意識的に浴びる**ようにする。アガリ症の人は、通常それだけでも他人の目が気になってそわそわしてしまうものだが、こういう場に慣れるだけでもかなり違ってくる。

さらに、他の人がプレゼンをしているときに、上司などに協力してもらい、メモでも資料でも何でもいいので、わざと壇上に届けなければならない状況をつくる。これも本人にとってはかなりプレッシャーになるはずだが、いい練習になる。

そのうち、プレゼンをしている人の助手として同じ壇上に立ち、何もしなくていいから大勢の人の注目を浴びるようにするといい。

そして、それに動揺しなくなったら、今度は壇上から出席者一人ひとりの顔を見るようにする。「今日はどんな人がいるか、しっかり見ておこう」と自分に課題を課すことで、何とかひとりずつの顔を見ることができるはずだ。

そうして**相手が見えてくると不思議なもので、少しずつ落ち着いてくる**ものである。相手がどんな人間かをきちんと事前に把握する、これが緊張しないコツなのだ。

プレゼン直後の「10分間反省会」が次のプレゼンに生きる

成功したビジネスでも、じつは数々の失敗をして試行錯誤の末にたどり着いた結果である場合が多い。「反省」には多くの教訓が含まれているものだ。

プレゼンに関しても、次なる成功のカギはこの「反省タイム」にあるといえる。

プレゼンに失敗したときはもちろん、成功したときこそ、やりっぱなしにするのではなく一緒にプレゼンしたメンバーを集めて振り返る時間を持ちたい。

そこでよかった点や悪かった点、改善したほうがいい点などを片っ端から出していくのだ。また、プレゼン中の相手の反応など、自分では気づきにくい点を指摘してもらうのもいいだろう。

時間が経ってしまうと人間の記憶は曖昧になり、細かなことは思い出せなくなる。翌日に1時間のミーティングをやるよりも、プレゼン直後の10分間の反省が確実に次回に活かされるのだ。

プレゼン本番と前後のタイムスケジュール

前日まで

念入りなリハーサル

↓

当日

会場のセッティングと軽い調整

↓

プレゼン本番

↓

10 分後

メンバー全員を集めての反省会

↑

まだ記憶が新しいプレゼン直後に振り返り、
メンバーの発言を記録し、次に活かす

“超一流のプレゼン”を簡単に自分のモノにする方法

何事もお手本があるのとないのとでは大違いで、プレゼンに関しても上手な人のプレゼンをゆっくり観賞する機会があるなら、それに越したことはない。

そこでおすすめしたいのが動画サイトである。

インターネットによる動画サイトは、世の中のさまざまなシーンで活用されているが、じつはビジネスにもおおいに役立つ。

たとえば、世界に名だたるリーダーのスピーチや、注目企業のトップ対談のように、手本にできそうな動画はかなりある。「プレゼンテーション」で検索すれば、そのものずばりを収めた動画もたくさんヒットするのだ。

とりわけ、**他人にアドバイスを求めにくい導入や締め方**、**言葉のトーンや話の運び方**などはおおいに参考になる。動画を繰り返し見て、実際に真似をすれば、プレゼンの能力はそれだけで飛躍的に上がるのだ。

動画サイトで学べるプレゼンのポイント

プレゼンテーションの手法

・資料の見せ方
・会場の雰囲気
・全体の流れ

プレゼンターの動き

・声のトーン
・話し方や話すスピード
・目線

上級者のノウハウ

・プレゼンの始め方
・〝間〟の取り方
・プレゼンの締めくくり方

プレゼンの見本は会議室ではなく〝街〟にある

プレゼンテーションと聞けば、会議室でプロジェクターを使い、出席者に資料を配って出席者の前で説明をする。普通はそんな様子を思い浮かべるに違いない。

しかし、プレゼンという行為の本質は、「伝達」と「提案」にあり、実際はさまざまな場所で行われている。政治家の街頭演説もその部類に入るし、迷っている客に店員がどの商品がおすすめなのかを説明するのも、いわばプレゼンである。

ビジネス書などでは、パワーポイントやプレゼンボードなどといった必須ツールが紹介されていたりするが、そもそも資料の提示方法などはその人なりのやり方があっていいはずだ。というよりも、こういうマニュアル本に載っていないプレゼンにあえて挑戦してみると案外勉強になるものだ。

たとえば、百貨店などではキッチンツールの実演販売をやっているが、あれも立派なプレゼンだ。紙や文字ではなく商品そのものを使って客に提案をする。このよ

プレゼンが効果的になるならマニュアル本に頼る必要はない

実演販売風プレゼン
たとえば
このように使うと…
BGMを使って
感性に訴える

うな〝パフォーマンス〟をプレゼンに取り入れられるなら、相手は新鮮な印象を受けるだろう。

また、同じプロジェクターを使用するならデータや資料ではなく、イメージ映像を録って流してもいいかもしれない。たとえばプレゼンの導入として、現状の問題点をショートフィルムのように流してみるのだ。

こうすることでプレゼンをする人間の個性が出るし、自分なりのやり方をあみ出していくことができる。

営業の場でいきなりやるのがリスキーなら、まずは部内の研修などで実践してみてはどうだろうか。

プレゼンを成功させるために必要な「4つの要素」とは

ビジネスパーソンにはさまざまな能力が求められるが、最も能力が試される場のひとつがプレゼンをするときである。さまざまな能力とは具体的に何かというと、それはプレゼンそのものに必要な要素を一つひとつ検証してみればわかる。

まず最も大事なのは内容、すなわち「コンテンツ」だ。自分のアイデアが採用されるようにプレゼンするのだから、その内容が誰にとっても魅力的であることが大前提だ。コンテンツを考える発想力や企画力がまずは必要といえるだろう。

次は話の「組み立て」である。同じ企画のプレゼンでも、説明の順序や話の展開しだいで相手の印象はまったく変わってくる。

たとえば、メリットばかりを優先して先に説明し、最後に申し訳程度にデメリットの話をつけ足すようなら、相手には不安な印象だけが最後に残ってしまう。メリットとデメリットを交互に挟むなど、企画に対する独自の分析を織り込みつつ、相手にわかりやすい順序で説明するのがポイントだ。

そして、その次に必要なのが「伝達力」である。

プレゼンはその内容をいかに相手の心に「訴えかけられるか」が重要になる。言葉はできるだけ簡潔に、誤解が起きそうな箇所や、言葉だけでは伝えきれない箇所は、それなりに資料などを添えて伝えるようにしたい。

さて、この3つが揃えばプレゼンは完璧……といいたいところだが、最後に忘れてはならない要素がある。それは、あなた自身の「存在感」だ。

存在感といっても一部のエリートが持っているオーラとかそんな意味ではない。「この人にしてこのプレゼン」というような、独自の存在感のことである。他の言葉に置き換えるなら、「個性」がいちばん近いかもしれない。

たとえ口が滑らかでなくても、企画に多少不安要素があっても、最後はプレゼンをしている人間に魅力があればOKというケースは意外とある。

プレゼンの前には、これらの項目をひとつずつチェックしてほしい。これまで漠然とプレゼンが苦手だと思っていた人にとっては、突破口を見出すヒントになるはずだ。

プレゼンで大切なことは聞き手をどう〝巻き込む〟か

アップルの創立者である故スティーブ・ジョブズがそうであったように、**いいプレゼンターは聴衆を自分の世界に引き込むのがうまい**。

用意された資料や映像は、自分が伝えたい世界観を補足して説明するためのものであって、あくまでも伝えたいことは自分の中にある――。このような自信あふれる態度が、聞く人の心を引きつけて離さないのである。

だが、あれほどのカリスマ性のある人物ならいざ知らず、ふつうのビジネスパーソンがプレゼンに臨むとなかなかこうはいかない。

つい手元の資料に頼ってしまい、準備したスライドどおりの順序で滞りなく最後まで説明しようとしてしまう。

そのため、説明に感情がこもっていなかったり、逆にムリに感情を込めようとして演技のようになったりすることもある。

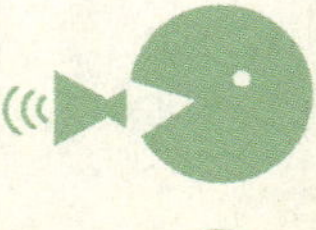

本来なら人が主役となって「伝える」ためのプレゼンが、単なる資料の発表の場になってしまい、伝えたいことが伝わらないまま終わってしまうことはめずらしいことではないのだ。

だからといって、いきなりスティーブ・ジョブズのようにパワーを漲《みなぎ》らせてプレゼンするのも無理があるし、そもそも日本のビジネス環境ではちょっとムリがある。

そこで「伝えるプレゼン」のために、**聞き手に参加意識を芽生えさせる**工夫をしてみたい。

たとえば、活発なゼミの授業を思い浮かべてみてほしい。

講師が「○○についてどう思うだろうか」と問いかけると、ゼミ生はそれについて頭をめぐらせる。次いで講師が「じつは、これは○○なのです」と種明かしをすると、ゼミ生は「へえ……」と驚き、「ほお……」と納得する。

このように**小さな問いをいくつか用意して、一緒に知恵を絞れば参加意識を高めることができる**。

聞き手を巻き込むことができれば、そのプレゼンは必ず盛り上がること間違いなしだ。

プレゼンカドリル

質問①

プレゼンテーションのときに欠かせないのが話す内容をフォローする資料だが、資料の作り方として正しいものは次のうちどれ？

A ページ数を余計に増やさないように１ページに盛り込める限りの情報を盛り込む
B こちらの意図するところと異なって伝わる可能性があるので、図は多用せず文章を多くする
C ページのレイアウトは「右から左」を心がける

質問②

プレゼンをする相手が多いときには、誰を見ながら話せばいいか迷うものだ。あまりにも目線をキョロキョロとさせてしまっては相手に落ちつかない印象を与えてしまう。では、大勢の人を前にして話すときに適した目線の動かし方はどのようなものだろうか？

質問①の答え…どれも×

聞き手に簡潔に伝えるために、1ページに盛り込むのはひとつのメッセージ（ワンテーマ）にしたい。また、あくまで話す内容の補足資料なのだから、視覚的に訴えるべく図やイメージを多用する。最後に、視線の流れは「左から右」が原則だ。

質問②の答え

一文でひとり、つまり、ひとつの文章を話し終えるごとに別の人の目を見るペースで目線を動かそう。そうすれば多くの人に「自分に話しかけているんだ」という印象を与えることができる。もちろん、話の核心の部分では決定権のある人物の目を見て強く訴えるのも手ではある。

STEP 4

「好感力」

感じがいいと思われる人の話し方・接し方

ビジネスといえども基本となるのは人と人とのコミュニケーションだ。だからこそ、相手に好印象を与えるちょっとしたひと言や立居振舞を覚えておこう。

好かれたい人に好かれる〝映し鏡の法則〟とは？

自分は何もしないのに、相手には尽くすことを要求する――。いつの時代でも恋愛の悩みは尽きない。たとえ結婚していても、そうした不満は噴出してくる。しかし、自分がしてほしいことは相手にもするべきだし、相手に理解してほしければ自分も相手を理解すべきだ。

そして、この図式は恋愛だけに限ったことではない。**社会が人と人との関係で成り立っている以上、コミュニケーションは一方通行では不完全**である。ビジネスの場でも好感をもたれたかったら、まずは自分から相手を好きになることだ。

たとえば取引先の会社を訪問したとき、部署の中を横切って応接室に招かれることがある。その際、一人ひとりと挨拶をすることになる。

このとき、応接室で待っている面会の相手が気になるあまり、挨拶してくる社員と目線も合わせずに「どうも」とやっては相手の印象はあまりよくない。**あなたに**

お互いの好感度は鏡に映すように比例する

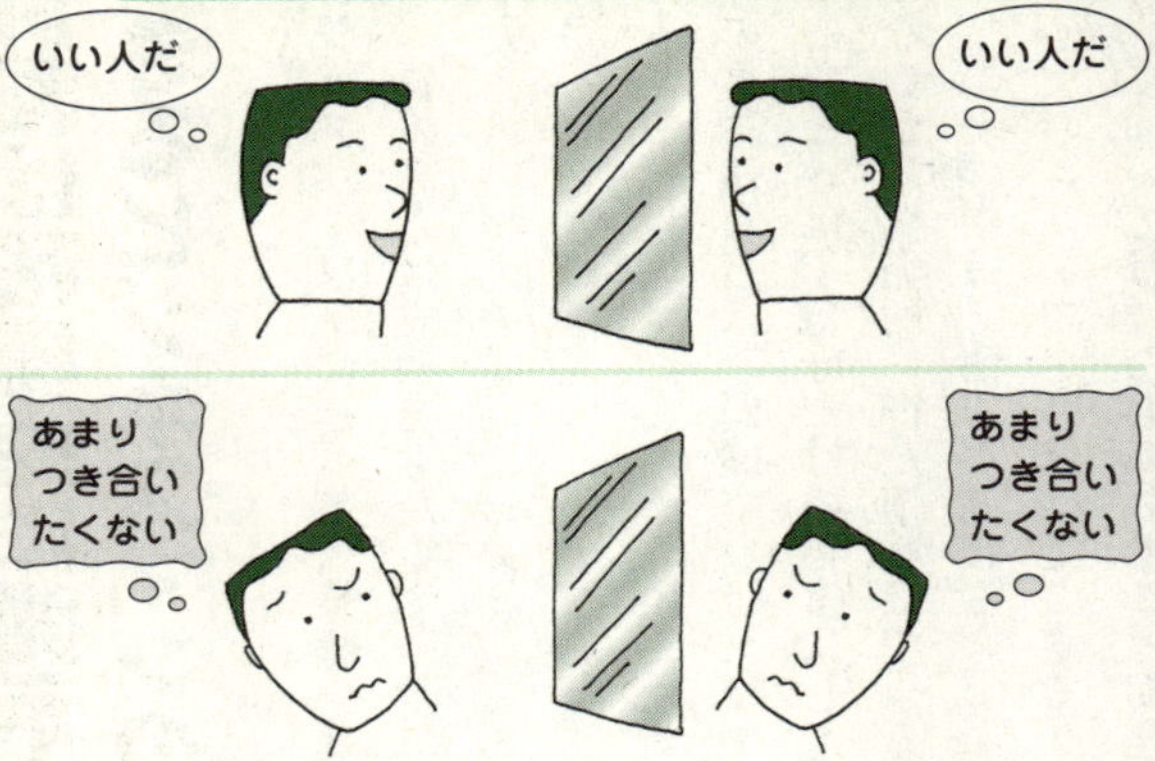
いい人だ
いい人だ
あまり
つき合い
たくない
あまり
つき合い
たくない

とっては大勢の中のひとりでも、相手は個別にあなたと対峙しているのだ。

こうなれば当然、相手のあなたへの好感度は下がり、次に会ったときには向こうから気の抜けた挨拶をされるかもしれない。

もしかしたら次に仕事をする相手になるかもしれないのに、これでは印象の悪いスタートになってしまうだろう。

せっかく仕事でつながりを持った相手なのだから、好感を持って接したほうがお互いハッピーになれる。まずは相手を好きになり、コミュニケーションをおざなりにしない。これが双方の距離を縮める基本でもあるのだ。

「情報は積極的に開示する」のができるビジネスマンのやり方

ビジネスパーソンにとって〝情報〟は財産である。情報量の多さはチャンスを増やし、質の高さは成功をもたらす。常にアンテナを張り巡らし、コツコツと情報収集した本人の努力の結晶だといえるだろう。

しかし、ときには意図していないところで「ひょうたんから駒」的に情報を得ることもある。出先でたまたま耳にした新製品の情報や、取引先がうっかりもらした業界の裏事情などは、偶然でなければ知ることができないものである。

こんなときは、自分だけの秘密にしてうまく利用したいという気持ちもわからなくはないが、偶発的に得た情報はできるだけ仲間と共有したほうがいい。

いまの世の中は、情報が流れるスピードが驚くほど速い。本来はまだ発表されるはずのないニュースが事前に流出するケースもしばしば起こる。つまり、この情報化時代においては、たいていのことが遅かれ早かれ表に出るのは時間の問題だ。ひ

情報を平等に共有するとチーム力も高まる

じつはA社のこんな情報が…
ありがとう
共有
好感度アップ
いまからA社に
行くから探りを
入れてくるよ

とりで抱え込んでいても鮮度が古くなるばかりで、メリットなどたいしてないのだ。

むしろ、**情報を出し惜しみする人というイメージがつけばデメリットのほうが大きい。**ふだん秘密主義でいると、逆の立場になったときに誰からも情報はもらえないからだ。

それよりは関係者などに平等に伝え、有意義にその情報を使ってもらったほうが好感度も実用度も高い。

ただし、その際にAさんには教えるがBさんには教えないというような不平等があってはいけない。情報を本当に活かそうとするならば、全員で平等に共有するのがポイントなのである。

ネガティブな言葉を口にしないだけで人は寄ってくる

「忙しいという人ほど、じつは忙しくない」というのはよくいわれることだが、「忙しい」が単なる口癖になってしまっているようなら要注意だ。もちろん、なかには本当に多忙な人もいるだろうが、この言葉を連発すると周囲が引いてしまうということに、本人はなかなか気づかない。

「忙しい」に限らず、「疲れた」「眠い」「しんどい」など、ネガティブな言葉を発する人にはプラスのオーラがない。そういう人がいると、まわりにいる人にまでネガティブな雰囲気が伝染し、やる気がそがれてしまう。

では、誰もが一緒に仕事をしたいと思うのはどんな人かといえば、ポジティブな言葉を発し、プラスのエネルギーを持っている人である。

誰だって仕事をするなら、悲壮感を漂わせる中でやるよりは楽しくやりたい。特にひとつのプロジェクトを数人のチームで進めるような場合には、「この人となら

ポジティブな言葉は人を引き寄せる磁力になる

ポジティブなエネルギーがみなぎる
ネガティブなエネルギーが分離する
いい環境が得られる

充実した仕事がやれるのではないか」と思わせることが重要だ。

とはいえ、もともとの性格がマイナス思考という場合もある。「切羽詰まった状態でポジティブになるなんて到底ムリ」との声も聞こえてきそうだが、そんな人は、無理にポジティブになろうとするのではなく、ネガティブな言葉を発しないように気をつけるだけでも周囲の印象はだいぶ違ってくる。

その人を取り囲む空気には、仕事に取り組む姿勢が必ず現れる。チームワークを要するような場面では、少なくともマイナスのオーラで周囲をしらけさせないよう気をつけたい。

相手と自分の距離を一瞬で縮める“つくり笑顔の法則”

赤ちゃんが笑った顔を見て、不愉快になる人はおそらくいないだろう。また、買い物をして「ありがとうございました」と笑顔でいわれるのと、仏頂面でいわれるのとでは気分が大きく変わってくる。

このことからわかるように、**笑顔には他人を気持ちよくさせるパワーがある**のだ。「笑顔がいい」と褒められることは、特に客相手の仕事をしている人にとっては最高の賛辞なのである。

ところで、無垢な赤ちゃんはさておき、大人はどんなときに笑みを浮かべるだろうか。それは、心に余裕があるときだ。

人は緊張し、警戒しているときは表情を失う。それは心に笑えるようなゆとりがないからで、つまり、**信用できる相手ほど笑顔は出やすい**のだ。満面の笑みを向けるということは信頼感の証であることが相手にもおのずと伝わるのである。

同じ言葉でも表情が違うと伝わり方も違う

●無表情で言うと…

ありがとうございました

●にこやかに言うと…

ありがとうございました

最初は〝つくり笑い〟でＯＫ！
笑顔をつくろうという気持ちが
相手との距離を縮める

「感謝の言葉」と「お詫びの言葉」はバリエーションを用意する

日々の仕事の中では思いがけないトラブルが起こったりする。理由はどうであれ、非があるほうはひたすら謝罪を重ねて、相手の許しを乞うしかない。

しかしときには、ただ「申し訳ありませんでした」の一点張りでは、相手の怒りが収まらないこともある。**どんなに誠意を込めても、その言葉が気持ちを伝えきれないのであれば意味がない。**そんなときは、ふだんからある程度自分の中でお詫びの言葉のバリエーションを持っておくといいだろう。

たとえば、「ご迷惑をおかけしまして言葉もございません」「誠に申し訳なく、深くお詫びいたします」など、日本語にはさまざまなお詫びの表現がある。バリエーションといっても、手を替え品を替えという意味ではない。自分の謝罪の気持ちが一番伝わる言葉をしっかり選ぶということである。

また、同様に「感謝の言葉」に関しても「ありがとうございました」以外の言葉

気持ちが伝わる「お詫びの言葉」「感謝の言葉」

お詫びの言葉	感謝の言葉
ご迷惑をおかけして申し訳ありませんでした	ご指導を賜り、たいへん勉強になりました
誠に申し訳なく、深くお詫びいたします	ご尽力くださいましたことを心より感謝いたします
大変失礼をいたしました	ご足労いただきまして、誠にありがとうございました

で伝えてみたい。「ご指導賜り、たいへん勉強になりました」とか「初めてのことでしたが、心強かったです」など、**感謝の念を率直に言葉で表現して伝えると気持ちが伝わりやすい。**

ビジネスではこのように謝辞を伝えるシチュエーションが毎日のようにある。だからといって、お決まりの文句を判で押したように並べるだけではあまりにビジネスライクすぎるし、相手に気持ちが伝わらない。

どんな業種でも人間同士である以上、上っ面だけの言葉ではなく、心を込めて伝えたい。それがお詫びやお礼なら、なおさらである。

〝第一印象〟が確実にアップする「名刺トーク」とは？

初対面の人と必ず行うのが名刺交換だが、じつはこのときが手っ取り早く好感度を高めるチャンスでもある。いうまでもなく、その後のつき合いにおいて第一印象はとても重要だからだ。

ふつう名刺をもらうときは、「ちょうだいします」といって受け取る。そして、名刺をもらったときは相手の名前をしっかり確認し「珍しいお名前ですね」とか「下のお名前は○○さんとお読みするのですか？」など、名刺にまつわるトークを挟みたい。特に最近は、デザインが変わっていたり、写真が入っていたりと、こだわりの名刺も少なくない。このように**名刺に凝る理由は、話の糸口を掴むという大きな目的がある**のだ。

もらった名刺に少し目をやっただけで置いてしまう人は多いが、このような会話が出ると、名前や部署をしっかり確認してくれたと感じて好印象を抱かれるものだ。

好感度がグンとアップする名刺の取り扱い方

1度目
ありがとうございます

名刺を受け取ったとき

2度目
お名刺ちょうだい
いたします

帰りぎわに名刺を
名刺入れに入れるとき

そして商談が終わってから、名刺入れにしまって席を立つ。ここで「お名刺、ちょうだいします」と重ねてもう一度いうようにする。**相手の名刺を丁寧に扱うことは相手自身をも尊重すること**につながり、されたほうはこのうえなく気分がいいのだ。

どちらも逆の立場になってみれば想像がつくだろう。たかが名刺、されど名刺である。誰だってぞんざいに扱われるよりは、大事にされるほうがうれしいにきまっている。

名刺交換は何の先入観ももたれることなく、自分の顔を売る唯一のチャンスだ。十分活かしたいものである。

「明るいイメージの人」が好感度が高い理由

タレントや俳優の好感度ランキングを見ると、たいていは陽気で明るいキャラクターの人が上位にランクインしている。これが人気ランキングだと、寡黙なイケメン俳優やクールな女優も上位にランクインされているのに、好感度となると「明るい人」が選ばれるのはなぜだろうか。

中国に古くからある「陰陽説」を借りれば、世の中の森羅万象は「陰」と「陽」の二元で表わすことができる。陰には「月、冬、静、受動、防衛」などが、それに対し陽には「太陽、夏、動、能動、攻撃」などが属するが、「明るさ」はもちろん「陽」だ。

陰陽説は万物には陰と陽の双方が不可欠だと説いているが、**人は「陽」に惹かれがちだ。**部屋でも人でも暗いより明るいほうがいいし、**受動的よりは能動的な態度に好感を持つ。**仕事をするうえでも「明るさ」や「積極性」は人気を集める。どんなに辛くても明るさを失わないというのは、社会においても得なことなのだ。

人が好感を持つイメージ

陰
月
冬
静
受動
防衛
「陰」にも
魅力はあるが、
ビジネス向きではない
一般的に好感度が
高いのは、
「陽」のイメージ
が強い人
陽
太陽
夏
動
能動
攻撃

焦らないために身につけておきたい〝雰囲気〟とは？

自分の話を聞いてほしい、あるいはこの意見に納得してもらいたいと思えば思うほど気持ちが焦ってしまい、つい威圧的な態度をとってしまうことがある。

だが、これでは聞いているほうは圧倒されて話の内容など二の次になってしまい、何となく嫌な印象だけが残ってしまう。「この人には期待できない」と思われてしまうのがオチだ。

このように**気持ちが焦って威圧的な態度になるのは、自分の自信のなさや弱さを露呈しているのと同じ**である。

その点、ベテランほどゆったりと構え、話すときも行動するときも屈託のなさを感じさせているものだ。

ときどき、わざと長いカタカナ言葉を間違えたり、自分の発言に「？」をつけてみるのもご愛嬌だ。そんなちょっとヌケている感じは、万人の好感を呼ぶのである。

そこで、余裕のある雰囲気を醸し出したかったら、まずは**〝ゆったり感〟を身につけてみる**ことだ。

まず、焦りそうになったらゆったりと呼吸をし、話すスピードを意識的に落とす。**いつも自信満々な態度を装わずに、わざと時折、自信がなさそうな発言をしてみるのも力が抜けている印象を与える**ことができる。

もし、そんなベテランが身近にいれば、手っ取り早く真似させてもらえばいい。その人がどのようなペースで話をするのか、どのように話を切り出すのか。そして相手の反論にどのように切り返しているのか。一挙手一投足を観察して、自分にも取り入れてみるのだ。

真似をしているうちに、今までの自分はずいぶん焦っていたなと感じることができれば第1ステージクリアである。

ゆったりした雰囲気を身につけたら、人に耳を傾けてもらえるようになり、それが自信となってさらに余裕が生まれてくる。

そうなれば、「この人とならうまくやっていけそうだ」と相手に思われるようになるのも時間の問題である。

好感力ドリル

質問①

同僚が残業をしているなかで、自分ひとりだけが先に帰るのは少々気がひけるものだ。こんなときに悪い印象を残さないで帰るには、どんな声をかけて、どんな態度でオフィスを出ればいいだろうか。

質問②

得意先とのアポイントの日程をどうしても変更しなくてはならなくなった。対応としては、以下のどちらが適当だろうか。

A

7月26日（月）のお約束ですが、
7月30日（金）に変更していただくことは可能でしょうか？
時間の変更はございません。
もしご都合が悪いようでしたら、何日か候補日をご連絡いただければ幸いです。
何卒よろしくお願い申し上げます。

B

7月26日のお約束ですが、7月30日に変更していただくことは可能でしょうか？
なお、時間の変更はございません。
お忙しいなかこちらの都合で大変恐縮ではございますが、何卒よろしくお願い申し上げます。

質問①の答え

頭を下げながら「すみませんが、お先に失礼します」と、申し訳ない気持ちを伝えるといいだろう。「お疲れさまでした」「お先します」など、ひと言だけでさっさと出ていってしまうと、「あの人は自分の仕事しかやらない」というマイナスな印象を与えかねない。もし時間に余裕があるときには「お先に失礼しますが、何かお手伝いできることはありますか？」のひと言も忘れずに。

質問②の答え…A

この場合、相手からも候補日をもらう一文を書いておけば、「一方的に変更させられた」という印象を与えずにすむ。また、メールで日付を連絡する場合には、曜日も添えると間違いがない。もちろんメールだけではなく、メールを送ってから電話も入れて確認しておくようにしよう。

STEP 5

「根回し力」

自由自在に他人を動かす禁断のテクニック

根回し、つまり事前交渉は仕事の大小を問わず欠かすことはできない。上司や同僚、得意先や部下の信頼を得て、仕事を思い通りに進めるための効果的な根回し術とは?

相手の説得が面白いほどうまくいく〝グレーゾーン〟の手法

根回しに必要なのは、相手を味方につけるための「説得力」だが、そのあたりのさじ加減がなかなか難しい。

下手に出すぎて「なんとかお願いします！」と頭を下げまくるというのも下心が見え見えだし、かといって強気な〝ゴリ押し〟をすると敬遠される。この2つがうまくいかない原因は、相手にすぐに結論を出させようとしているからだ。

仕事をしていると、白か黒かでは割り切れないケースが多いことを実感させられるものだ。結果が出るまで時間のかかるもの、いいか悪いかすぐには判断のつかないもの、相手の出方によって身動きのとれないものなど、とりあえずペンディングにしておこうというグレーな事案がそこらじゅうに転がっている。

根回しもこれとまったく無縁ではない。話を持ちかけられたとしても、すぐにYESといっていいかどうか、判断がつかない場合もあるだろう。

いますぐ白黒をつけなくてもいい場合はグレーゾーンに持ち込む

こんなときは**結論を急いではいけない。**というよりも、最初から**「グレーゾーンに持ち込んでからが勝負」だと想定しておく**べきだろう。相手に考える時間を与え、あえて中間の立場をとらせるのだ。

大事なのはここで断ち切らず、**グレーゾーンのままでしばらく関係性を継続することだ。**そうすれば、仮に今回の根回しに失敗しても、次の機会にまた声をかけることができる。

グレーゾーンでチャンスをうかがっている間に説得材料が追加できれば、それに越したことはない。いずれにせよ、根回しをするにはこの時間を考慮しておくことが大事なのである。

説得する相手の「素性」と「背景」を知っておく

あるプロジェクトを実行に移す前に、どうしても説得しなければならない人物がいる。その相手は上司だったり、はたまたスポンサーだったりとケースバイケースだが、いずれにせよその〝X氏〟の了承を得ることが、プロジェクト実行の条件だったとしよう。

この場面で最初にとるべき行動は、X氏のリサーチだ。上司ならともかく、社外の人間であれば本人のプロフィールは名刺に書かれていることしかわからない。だが、確実に口説き落としたいなら、もう少し踏み込んだ情報を得たいところだ。そのほうが、相手の〝ツボ〟がわかるからである。

X氏とはどういう人か。どの部署から異動してきて、現在、どのような立場にいる人なのか。保守的か、それともチャレンジ精神が旺盛なのか。これらを知るだけで、説得のアプローチは変わってくる。

相手をリサーチするとアプローチのツボがわかる

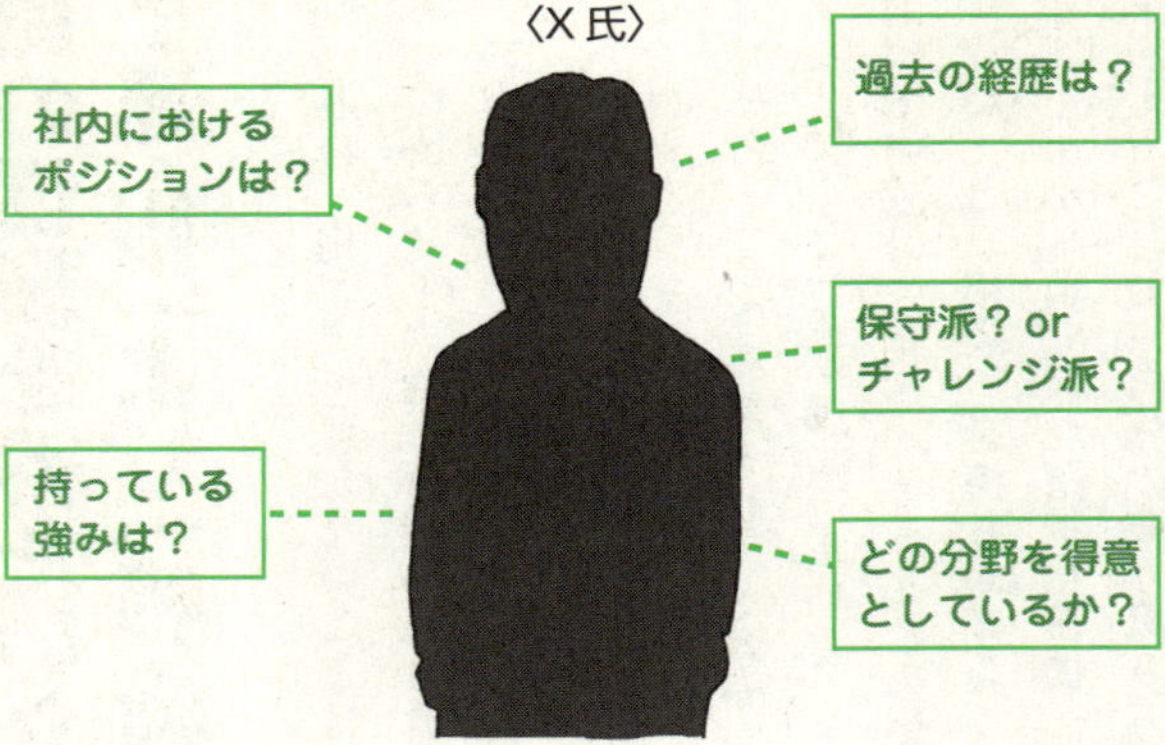
〈X氏〉
過去の経歴は？
社内における
ポジションは？
保守派？ or
チャレンジ派？
持っている
強みは？
どの分野を得意
としているか？

たとえば、ものすごく慎重な人に対して、企画の新しさや冒険性ばかりを説いても逆効果だ。また、もしも他の業界から転職してきた人であれば、業界一筋の人とは異なる意見を持っている可能性があるので、そこに訴えるという方法もある。

これは新製品を開発するときのマーケティングと同じ理屈だ。どこにターゲットをしぼり、訴求していくか。このリサーチが完璧であれば、説得できる確率はグンとアップするのである。

当の本人も、ツボを押されれば悪い気はしない。こういう心境にさせることができれば、もうあなたの味方である。

上司の信頼を得たいなら「報・連・相」より「相・連・報」

「報告・連絡・相談」を怠らないことは、上司と部下の意思の疎通がうまくいくための基本であることから、野菜のほうれん草に引っ掛けて「ホウ・レン・ソウ」という言い方をする。

しかし、部下から上司へ積極的に働きかけ、より建設的な関係にしたいと思うなら、ここはあえてその順番を「ソウ・レン・ホウ」にして実践することをおすすめする。**つまり、「まず相談をし、それから連絡、報告をする」**というわけだ。

まず、相談することが何より大切だ。わからないことがあれば自分から上司に「○○で困っているのですが、どうしたらいいでしょうか」「どんな戦略をとればいいでしょうか」と**「相談」を持ちかける。**

そして上司から出てきた指示をふまえて仕事を進め、**途中の「連絡」も怠らない。**経過を伝えることで、自分の取り組み方も伝えることができる。そのうえで**最後の**

上司といい関係を築いていい仕事をするなら

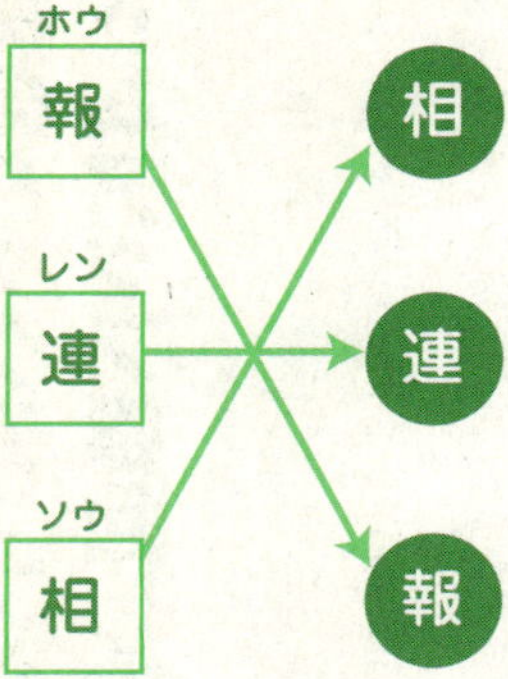

①まず自分が持っている案件について上司の見解を伺う

②相談のうえで行動し、途中の連絡を忘れない

③進捗状況や結果について報告し、次のステップについても相談する

「報告」をすれば、その仕事の全体像を上司に把握してもらうことができるのだ。

また、こうすると、いかなる結果であったとしても、それは独断で強行したのではなく、上司の支えがあったうえで最大限の努力をしたということになる。だから上司もその結果に納得し、素直に受け止めることができるというわけだ。

つまり「いかにして上司が部下を使いこなすか」ではなく、「いかにして部下が上司と有意義なつき合い方をするか」という発想である。

受け身になりがちな上司とのつき合いを、自分から積極的に活用するために覚えておいてほしい。

上司のバックアップが最大限に得られるボトムアップ根回し術！

ふつう部下は、どうしても上司のほうから話しかけられるのを待ってしまうものである。部下から上司に向かって積極的に声をかけるのはどうも気が重いし、どう声をかければいいのかもわからない。ヘタなことを話してマイナスの評価を受けるのも怖いから受身になるのもわかる。

しかし、ときには**「部下→上司」というボトムアップ**で仕事の根回しを考えてみたほうがいい。部下の側からの働きかけは、期待以上の効果を発揮することもあるからである。

じつは、部下との関係を大切にする上司というのは、部下のために、自分がどんな根回しができるかを考えているものである。そんな上司の気持ちを最大限に活かすのである。

たとえば、仕事の現場にいる社員が先方の会社の担当者に伝えたいことがあるとしよう。気軽に話せる関係ならいいが、相手のほうがポジションが上であるような場合は、直接はなかなか話せない。そんなときは自分の上司に相談してみるのだ。「じつは、先方の○○さんに伝えたいことがあるのですが、私から話すよりも、部長の立場からおっしゃっていただいたほうが、先方も受け入れやすいと思うのです」とでもいえば、それを不快に思う上司はいない。

思いやりのある上司なら、この部下はまじめに取り組んでいるからこそ、こういうことを自分に頼んでくるのだ、と受け取るはずである。また、自分でなければ通用しないことがあるのだと、自尊心が満たされる上司もいるだろう。

いずれにしても、結果的には上司の立場を尊重することになるし、もちろん仕事相手との関係もプラスになる。ここまで大げさでなくても、もっと単純に「部長からもひと言おっしゃっていただけると、先方も大変うれしいと思います」といった調子でも十分だ。

こうすることで、**上司と部下の間にひとつの仕事に向かって同じ気持ちで向き合っているという気持ちが生まれる。**「部下なんだから」という遠慮はこの際、無用だ。「ボトムアップの根回し術」はおおいに利用すべきである。

意外な効果を発揮する「根回しのための根回し」とは？

よく「人脈は貴重な財産」というが、社会に出て働いていると、人とのつながりほど重要なものはないと実感する。知り合いを増やし、人の輪を広げることが、仕事の成否を左右する大きなポイントになることがわかってくる。

いうまでもなく、根回しではそういった人とのつながりが活かされる。

たとえば、根回ししたい相手がいても、その機会がないことがある。直接はよく知らない相手に、いきなり根回しするわけにもいかないだろう。

そんな場合は、**自分の人脈の中に根回ししたい相手と深いつながりがある人がいないか探してみる**のだ。そして、もしうまく見つかれば、まずその人に根回しする。

そしてその人物を味方につけて、自分の用件を正直に伝えるのだ。

たとえば、本命の相手に対して「○○が、君の手助けを必要としてるんだ、よろしく頼むよ」と告げてもらう。このときは、いきなり深い話はしてもらわなくてい

い。とりあえず話を聞く時間だけでも都合をつけてもらえるようにする。

すると、本命の相手はそれなりの行動をとってくれるはずである。まさに〝根回しのための根回し〟というわけだ。

いうまでもないことだが、仲介者に近づく際には「この人を利用してやろう」という気持ちにならないように気をつけたい。ただ利用したいだけ、という気持ちは意外と相手に伝わってしまうものだし、そんな気持ちが透けて見えては相手もかえって身構えてしまうからだ。

この根回しがうまくいけば会社全体の利益や成果につながるのだ、ということを示して、仲介者が気分よく行動できるようにしたい。

もちろん、いつ、どんな人脈が活かされるかわからない。**意外な人が意外な人とつながっていることもある。**「この人が、あの人物と同じ大学の先輩後輩の仲だったとは」「この人は、あの人物と、かつて同じ部署だったのか」といったちょっとしたつながりが、人脈を広げてくれるのである。

ふだんからこまめに知り合いを増やし、その人のことをよく知り、人とのつながりを広げておくことは、いざというときのために役立つのだ。

根回しするときに絶対使ってはいけないタブー言葉

根回しをしている最中に、絶対に使ってはいけないNGワードがある。それは何かといえば、「根回し」という言葉そのものだ。

一般的に根回しという言葉から連想されるのは、企業の談合や水面下の交渉、政治家の裏工作など、ダーティーなイメージばかりである。

したがって、たとえそれがクリーンな行動であっても、**根回しという言葉が出たとたんに「やましさ」が漂ってしまう。**根回しされた相手は「やましいことに加担している」という意識が芽生え、反射的に引いてしまうのだ。

当然、「根回ししたくて来たのですが」と相手にストレートに切り出す人はいないだろうが、会話の流れで「根回しというわけではないんですが」などと軽はずみにいうのも避けたほうがいい。**特によくないイメージを持つ言葉は想像以上に相手の心の中に残る**ので、「相談」や「お伺い」にとどめておくべきだ。

「根回し」という言葉から連想するイメージ

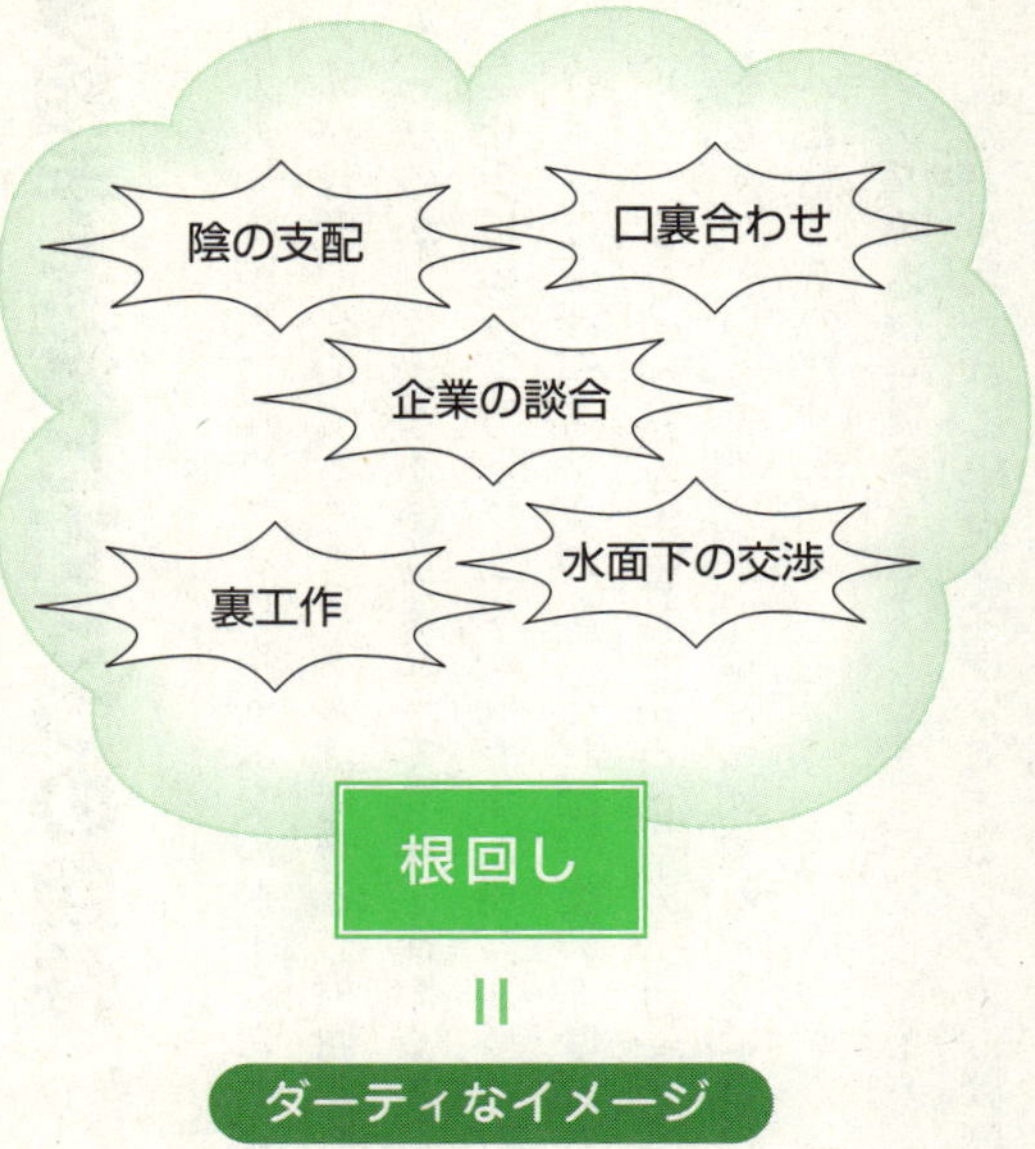
陰の支配
口裏合わせ
企業の談合
裏工作
水面下の交渉
根回し
＝
ダーティなイメージ

実際にはそうでなくても
やましさがつきまとうので、
「ご相談」や「お伺い」という
言葉を使おう

米国ビジネススクールで教える交渉相手を落とす5つの条件

アメリカ人や中国人に比べて、日本人は交渉が下手だといわれるが、これが顕著に現れるのが政府間交渉である。日本人は何かと〝根回し〟で事を円滑に進めようとするためなのか、なかなか優位に立って交渉を進めることができない。どちらかというと、相手に歩み寄る形で交渉が成立する場合が多いのだ。

なぜ、日本人は交渉が苦手なのか。それは、交渉＝摩擦と否定的にとらえる傾向があるからだ。自分の利益を主張しながら相手を説得するということが、**「和をもって尊《とおと》しとなす」**という日本古来の精神に反するように思い、できればそれを避けて通りたいと感じるのだ。

一方、アメリカ人は「競争」をよしとする国民性であり、中国では交渉は信頼性を築く手段ととらえられている。交渉に対する考え方も経験も、日本人とはまったく異なっているのだから、彼らが日本人との交渉を自分に有利な形で進めていけるのは、当然のことといえるのかもしれない。

だが、ビジネスの世界に国境はない。そこで参考にしてもらいたいのが、アメリカのビジネススクールで教えられている「手ごわい相手と交渉する5つの条件」である。

まず、**①相手を知り、②マンツーマンで対面する時間を減らす。そして、③反論と戦略的行動をもって考え、④複数の案を用意しておく。最後に、⑤交渉が決裂した場合の代案策も考えておく、**というものだ。

交渉は、その場にならないと相手がどんなカードを出してくるかわからない。そこで、交渉の席に着く前に準備しておくのが、この5つの条件なのである。

アメリカ人がこうした下準備を万全に行うのは、時間をかけずに単純明快な決着を図りたいと考えるからだ。その場で意思決定ができず、「社に持ち帰って検討します」などと悠長なことをいっていては相手をイライラさせるばかりだ。

ビジネスのグローバル化がますます進むなか、円滑かつ有利に事を進めるためには、日本人はさらなる交渉術を身につける必要に迫られていることを自覚して行動したいものである。

リアルな感想や口コミを集める「根回し」が後でモノをいう

根回しをしておくといいのは、何も社内外の人間関係に限ったことではない。新商品を世に出すというときにも、水面下の活動がヒットのカギになったりするものだ。

たとえば、何度も貼ってははがせるポストイットが接着剤の開発中の失敗から生まれたものであることはよく知られているが、世の中のヒット商品というのは意外と偶然から生まれたものであることが多い。

もしこのようなラッキーに恵まれたときには、それを売り出すには十分な根回しが必要だ。なぜなら、商品開発から広告、販売戦略まで一貫して企画されたものであれば、プランに沿った売り方をしていけばいいが、偶然の産物にはそんな一貫性のあるプランはないからだ。

もちろん多額の宣伝広告費が使えるのであれば、有名タレントを使った一大プロモーションで認知度を高めることなども可能だが、現実はそうもいかない。

そんなときには宣伝広告に費用と時間をかけるよりも、**モニターの感想を積極的に集めるなどして、使用者にその商品のよさを実感してもらう**ことだ。

さらに、そのモニターには商品の良し悪しが実感でわかる人を選ぶといい。

たとえば売り出したい商品が、傷が早く治る絆創膏だったら、小さな子どもを持つ母親を対象にするとか、手の荒れやすい生花店で働く人などに使ってもらうのだ。

その感想がすこぶるよければ**推薦人になってもらい、店頭の陳列棚に貼り付けるPOPに活用**する。

「子どもの小さなケガなら、ふつうの絆創膏よりも直りが早い！（主婦）」

「水仕事でもはがれにくく、傷をしっかり保護してくれます（生花店店員）」

といった使用感を商品とともに紹介するのだ。

また、ある特定の職種に就いている層だけに商品を使ってもらい、声を集めてみるという方法もある。

使用者の感想は、どんなにお金をかけたキャンペーンよりもリアルで効果がある。こんな丁寧な根回しが、商品を世に出したときに売れ行きを後押しするのである。

根回し力ドリル

質問①

会議で自分の意見を通したり、また会議自体を短時間で終わらせるために有効だと考えられる事前の「根回し」にはどんなものがあるだろうか。

質問②

仕事で小さなミスが多い新人に仕事のコツなどをさりげなく諭したいのだが、会議室で１対１になっては、相手が委縮してしまい逆効果になることがある。そこで、どちらの場面がその話をするのに適しているだろうか。

A ランチに誘ってコーヒーでも飲みながら話す
B 夜、食事に誘って酒でも飲みながら話す

質問①の答え
毎週、定例の会議に何時間もとられてしまっては仕事がとまってしまうものだ。そこで、「会議のキーパーソンに、事前にアグリー（同意）をとっておく」「賛成票を入れてくれる仲間を増やす」「反対意見が出た場合の追加案を３案程度用意しておく」「参加者に事前にアジェンダをメールして検討してきてもらう」などの根回しが効果的だ。

質問②の答え…A
この場合、相手をリラックスさせ話をしやすい状況に設定することが重要になる。その点ではＡもＢも悪くないが、仕事の後に食事に誘われることを苦にするタイプもいるし、アルコールが入って話の内容を忘れられても困る。そこでランチに誘うのが最も適している。ちなみに、ランチをとりながら打ち合わせをする「ランチミーティング」が効果的なのも同じ理由からである。

第2部

「学ぶ力」が面白いほど身につく！

なぜ「学ぶ力」が必要なの？

社会人が勉強をするための時間をつくり、勉強を継続していくにはよほどの固い意志が必要だと思ってはいないだろうか？　ところが、ちょっとしたコツさえ知っていれば、目標を達成するのはそう難しいことではない。短時間で集中して効率よく学ぶための極意とは？

学ぶ力

① 学習力

② 記憶力

③ 持続力

④ 疑問力

⑤ 収集力

が身につくと

↓

「実力」がみるみる高まる！

STEP 1

「学習力」

200%の結果に導く勉強法の極意

ただ漫然と勉強しているだけでは、いつまでたっても思ったような効果を得ることはできない。短時間で成果が出る勉強スタイルや、やる気になる環境づくりが重要だ。

〝デキる人〟はなぜ〝朝活〟を習慣としているのか

出勤前の時間を有効に使って、勉強や習い事をするなどいわゆる〝朝活〟がブームになって久しい。最近では出社するまでに登山や海水浴などのレジャーを楽しんでから定刻までに出社するという新しい通勤スタイルを実践している人もいる。

ところで、このように**「朝」に時間をつくって何かをするということはおおいに理にかなっている。**

たとえば毎晩1時間、資格試験のための勉強をすると決めたとしよう。最初の数日は決めたとおりの時間に机に向かうことができるかもしれないが、そのうち急な残業や外出が入ってくると、決まった時間に帰れない日が出てくるかもしれない。家に帰ってからもついテレビをつけてしまい、時間はどんどん過ぎていく――。

すると、勉強をスタートする時間が遅くなったり、やっと始めても内容が頭に入らずについダラダラと続けてしまい、効率ばかりか睡眠時間までも失われてしまう

毎朝「どこで」「何時まで」「何をする」か具体的に書き出そう

どこで	自宅や会社近くのカフェ、オフィスのデスクなど
何時まで	通勤時間や就業時間から逆算した時間（何時から何時までか）
何をする	読書や語学、資格の勉強など

ということになりかねない。これではすぐに続かなくなってしまうだろう。

それよりも、朝ならば家を出るまで、あるいは会社が始まるまで、とタイムリミットが決まっている。これなら嫌でも集中して取り組むことができる。

しかも、朝活でスッキリと目覚めた頭と体で職場に行けば、すぐに仕事にとりかかれるという利点もある。

とはいっても、あまり気負い過ぎて生活のリズムを崩しては意味がない。いつもより30分早く起きて、家事や読書をすることから始めてみよう。わずか30分でも、いつにも増して効率よく学べることに気がつくはずだ。

「落ち着きのない姿勢」がむしろ脳を活性化させる

一般的に〝勉強のスタイル〟というと、ノートとテキストを広げて机に向かう姿をイメージする人が多いと思うが、それにとらわれる必要はまったくない。

むしろ、同じ姿勢を続けるよりも、**立ったり座ったり、身振り手振りを加えたりしたほうが能率が上がる**こともある。

たとえば、語学の勉強をするときはまず単語を暗記することが先決だが、ただひたすらノートに書き写してもなかなか覚えられるものではない。そのうち、イスに座ったままウトウトしてしまうということにもなりかねない。

これは、同じ姿勢を続けているせいで脳が活動を休んでしまうからだ。そんなときは、**脳に刺激を与えるために**、**意図的に姿勢を変える**などの工夫をすればいい。

まず、単語をノートに書き写したら、次にイスから立ち上がって音読する。それをしばらく続けたら今度は座って音読する。そして、またノートに単語を書く――。

脳の働きをよくする動作とは？

立つ
声を出す
ときどき歩く
ウトウト
座り続けていると脳の働きが鈍る

じつに単純だが、このようにいろいろな姿勢のパターンを組み合わせて学習すると、脳は常に刺激されて飽きずにひとつの勉強を続けることができるものなのだ。

もちろん、語学だけではなく資格試験の勉強などでもこの方法は使える。

座っていることに飽きたら立ち上がって歩きながら問題を解いたり、大きな声で設問を読んだりするのもいいだろう。半分寝ぼけていた頭に新鮮な酸素が送られて、脳が覚醒するのである。

こうして勉強のスタイルを工夫していけば知識の量も増えて、おのずと実力は身についてくるはずだ。

他人の力を借りて勉強不足を補う方法

人の脳は情報を単純にインプットしただけだとあっという間に忘れてしまうが、これを**一度アウトプットするとそこに〝反復効果〟が生まれる**ため、記憶として定着しやすくなる。

たとえば、新しく取引先ができたときに、担当者の名前や所属部署をただ名刺を見て覚えるだけではなく、報告を兼ねて上司や同僚に「新しい取引先の担当者は○○課の○○氏です」と口頭で伝えると、いっそう記憶に残りやすくなる。

このように、**一度覚えたことは第三者に話してみるといい**のだ。これは勉強でも同じことで、たとえば、同じテーマで勉強している仲間やその分野に興味を持っている人に話してみる。すると、ひとりで復習するよりも効果がグンと上がるのである。

こうやって**相手に正確にわかりやすく伝えようとすると、それまで学習したことが頭の中で整理される。**このとき、話に曖昧な部分があればおのずとそこが勉強不

足であることがわかる。

また、相手から質問されてすぐに答えられなければ、まだまだ理解が足りなかったり、見落としていた点があることが明らかになる。

さらに、相手から「こんな見方もあるよ」とか「これも覚えておくといいのでは」といったアドバイスを得ることができれば、さらに情報量も増えて理解も深まるというわけだ。

集中して勉強するといってもひとりで殻に閉じこもらず、ときにはさまざまな人とコミュニケーションをとることによって〝他人の力を借りる〟術も身につけたいものだ。

2種類の学習が〝同時にできる〟すごい勉強法とは?

勉強はただ時間をかければいい、というものではない。

たしかに、多くの時間を勉強に費やすと達成感や満足感を得ることはできるが、同じ勉強を何時間も続けていると脳が疲れて思考が行き詰まってしまい、時間をかけた割には大して身につかなかったということになってしまうからだ。

そこで、ひとつの科目やテーマだけに集中するのではなく、**同時に2種類の分野の勉強ができる状況をつくってあちこち手を出しながら勉強**してみてほしい。

これをやると、ひとつのテーマにかける時間は半分になったのに、それぞれの理解力が格段に上がることを実感できるはずである。

たとえば、こんな方法を試してみよう。自室の机に資格試験のためのノートや問題集を用意し、ダイニングテーブルには英会話のテキストを広げておく。どちらから手をつけてもいいだろう。

一方の勉強に飽きてきたら、場所を変えてもう一方の勉強にとりかかる。そしてまた飽きてきたら元の勉強に戻ればいい。

どちらも勉強していることに変わりはないが、内容がまったく違うものを勉強しているのでこれを繰り返せばその都度、脳の疲れは解消されるのだ。

そもそも、人間の脳というのはずっと同じことを続けていると疲れやすく飽きやすいものなのである。そこで「ちょっと疲れてきたな」と感じる前に休憩をとると脳はまた元気に動き出すのだが、この休憩時間には仮眠をとったりボーッとして何もしないほうがいいというわけではない。

むしろ、**好きな本を読んだり、いま勉強していたこととはまったく別の分野の勉強をしたほうが脳は活性化する**のである。

休憩時間にまで本を読んだりすると、脳を酷使してしまいかえって疲れるのではないかと思うかもしれないが、こと脳に関してはインプットする情報が違えば疲れを感じないようにうまくできているのだ。

ちなみにこの勉強法は、同時にジャンルの異なる2冊の本を読み進めるといった読書法にも応用できる。

短時間で成果が出る「3段階スパイラル方式」

忙しい毎日の中でビジネス書や専門書をたくさん読むのは至難の業だ。かといっていつまでも同じ本に時間をかけていると、途中で飽きてしまって投げ出すことにもなりかねない。

そこで、どんな難解な内容でもすんなりと頭に入れることができる「3段階スパイラル方式」という読書法を紹介しよう。

この方法は、スパイラル、つまり**はらせん階段を駆け上がるように1冊の本に対して少しずつ視点を変えながら3段階のアプローチを行うことで、ふだんの読書よりもその内容を深く理解できる**というものだ。

まず1回目は最初から最後まで通して読み、重要と思われる部分に傍線を引きながら全体像を把握する。それが終わったら2回目に傍線を引いた部分だけを読み返し、3回目はその部分を暗記しながら読むのである。

「3段階スパイラル方式」での読書法

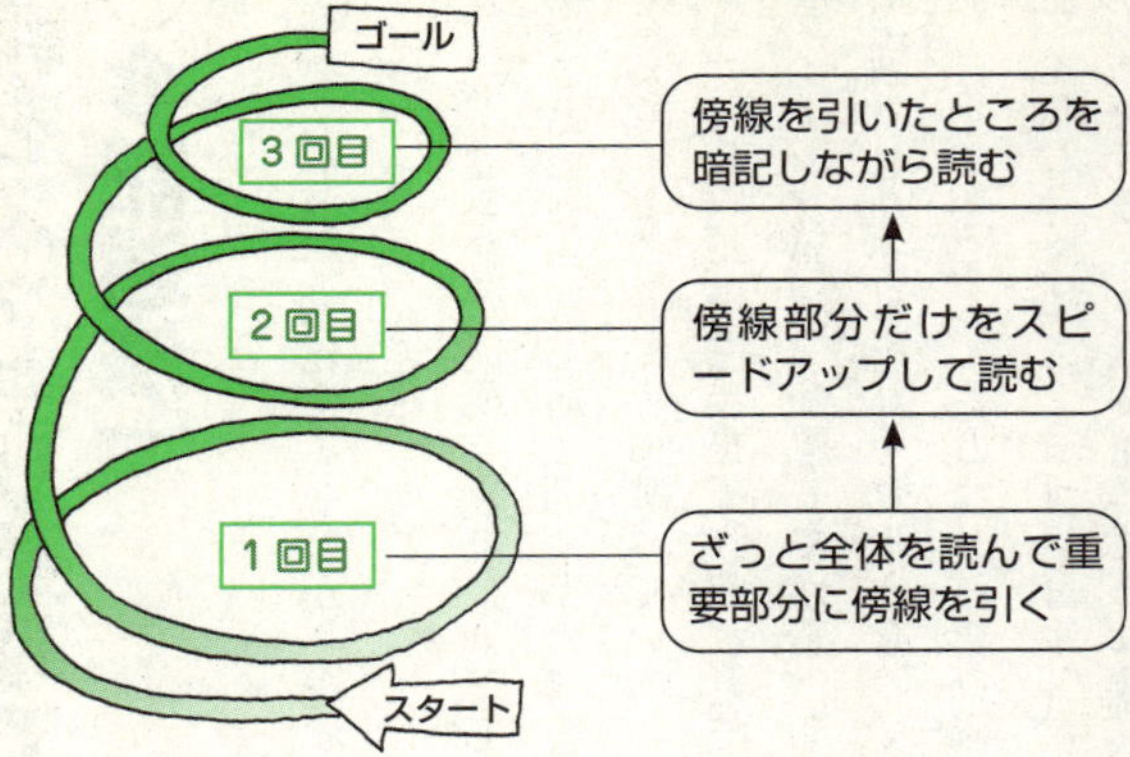
ゴール
3回目
傍線を引いたところを暗記しながら読む
2回目
傍線部分だけをスピードアップして読む
1回目
ざっと全体を読んで重要部分に傍線を引く
スタート

この方法で本を読むときのコツは、全体に目を通すのは1回目だけにとどめること。そして、3回目は2回目よりもさらにスピードアップして読むよう意識することだ。

こうすると、**時間をかけて何度も読み返すよりも、短時間のうちに必要な部分だけを何度も反復して頭に入れることができるので、記憶にとどまりやすくなる**のである。

専門的な本になればなるほど、何度読み直してもなかなか理解できないものだが、このようなちょっとした工夫で効率のいい読書ができる。さっそく実践したい画期的な読書法である。

情報をスッキリ整理できる「○⇕記述法」

複雑な文章は図式化するとわかりやすくなる。なかでも簡単で、なおかつ理解しやすいのが「○⇕記述法」だ。

これは、**注目したい要点を丸（○）で囲み、それを矢印（⇕）で結んで関連づけてしまう**という方法である。大半の情報はこれだけで図式化できる。

たとえば、よく教科書に載っている「三権分立」を図で表してみよう。

「行政」「立法」「司法」をそれぞれ丸で囲み、それら3つが対等な位置になるようにトライアングル状に配置してから、お互いを「⇕」で結んでみる。これによって、互いが独立しながらそれぞれ支え合っている関係にあることがわかる。

また、水が蒸発して雲となり、再び雨となって地表に降り注ぐといった「自然の循環」を図にするなら、まず「水」「雲」「雨」と書き、それぞれを丸で囲む。そして、それをサークル状に並べてそれぞれの間に時計回りになるように矢印を書き込

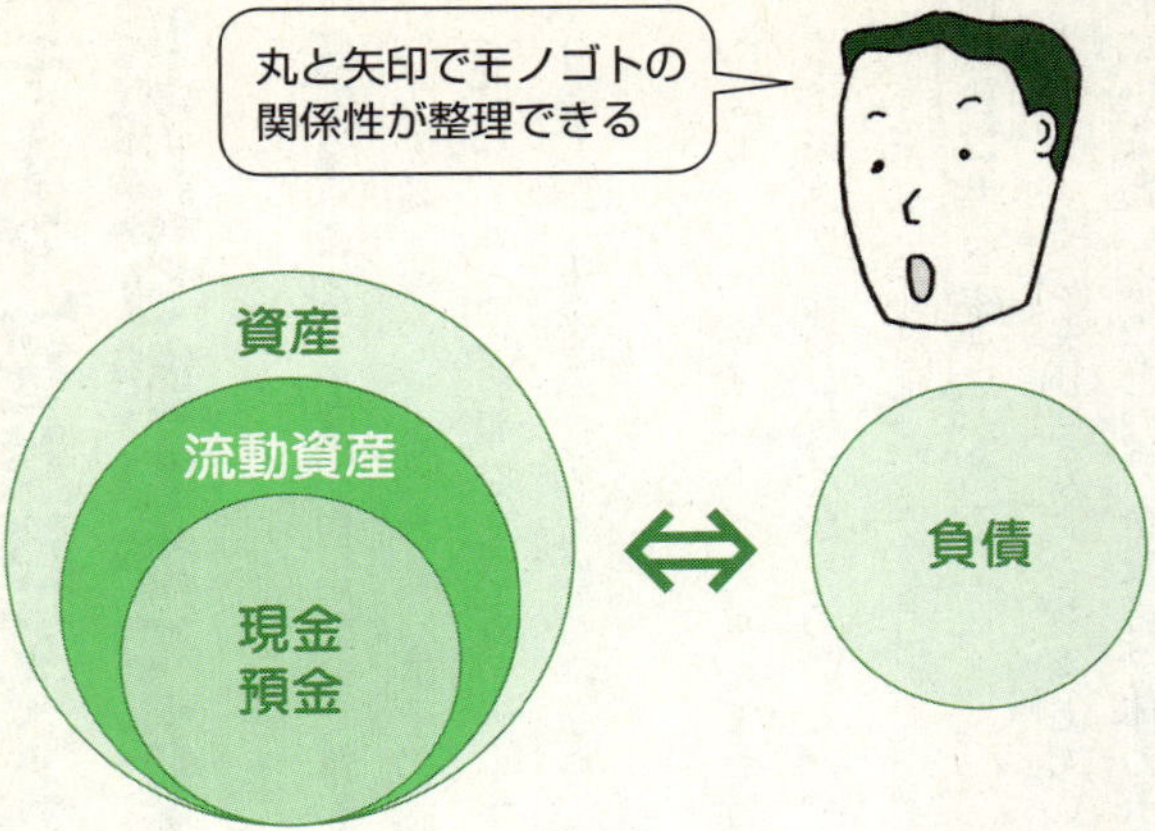
丸と矢印でモノゴトの
関係性が整理できる
資産
流動資産
現金
預金
負債

むのである。こうすれば、循環していることがひと目でわかるというわけだ。

この方法のメリットは、説明のための引き出し線を入れるような**複雑な作業をせずに簡単に図を作れる**ことにある。

プロジェクトの計画や会議の要点をまとめるときにも応用できるうえ、文章で書き残すよりもはるかに早くてわかりやすく、短時間にまとめられるといいことづくめなのだ。

また、それほどスペースも必要としないので、ノートや手帳の余白でも書き込むことができるはずだ。

究極の情報整理法ともいえるこの方法をぜひとも使いこなしてほしい。

「テーマ」を意識するだけで情報は9割わかったも同然

長い文章ほど、それが何について書かれたものなのかという「テーマ」が重要になってくる。**テーマをつかめればその内容をいっそう深く理解することができる。**

逆に、どんなに流麗な文章も、テーマをつかむことができなければ読み手はぼんやりとしたまま読み進めることになってしまい、結局その内容は記憶に残らないものだ。

つまり、このポイントさえ覚えておけば、今度は自分が文章や企画書を書くときになっても読み手に強く訴えることができるようになるのだ。

ところで、「よくできた企画書」と評価されるような、誰にでもわかりやすい企画書にはある共通点がある。

それは、その企画書が何を提案しているかという「結論」が企画書の冒頭に書かれているということだ。企画書全体のポイントを真っ先に伝えることに成功しているのである。

ときにはその結論部分の文字を大きくしたり、特に目立つように演出していることもある。

これで、聞き手も「売上げアップの施策には○○のキャンペーンが効果的」とか「××の新商品はコスト削減につながる」などと話の要点を最初につかむことができる。その結果、話し手が伝えたいことがすんなりと頭に入ってくるというわけだ。

それればかりか、たとえ数十ページにわたるようなぶ厚い企画書だったとしても「いったいどんなモノなのだろう？」と、最後まで興味を持って話を聞くことができるのだ。

実際に書店に行って売れ筋のビジネス本を何冊か覗いてみよう。一見難解な内容の本でも、その多くは最初の数ページを読むだけで全体像をつかむことができる。つまり、プロの書き手もこの手法を意識しているのだ。

これは知ってしまえばじつに簡単なテクニックだが、夢中で書き始めると意外に忘れてしまうだけに注意しておきたいところだ。

さっそく今日からこのテクニックを実践してみよう。

学習力ドリル

質問①

次の勉強方法のうち、脳を活性化させ学習効果が高まることが期待されるものは？

A 立ったり座ったり、ときには歩いたりしながら勉強する
B 2つの科目を交互に勉強する
C 身につけた内容を身近な人に話してみる

質問②

注目の「朝活」だが、資格の勉強や習い事などを朝から取り組む人は多い。さて、朝のほうが夜よりも集中できる理由とは？

質問①の答え…ABCのどれも正解
同じことを続けると脳が活動を休んでしまう。AとBはそれを防ぎ、脳を活性化させることができる。またCのように、インプットだけではなくアウトプットをすることで〝反復効果〟が生まれて学んだことをより強く記憶することができる。

質問②の答え
夜だとダラダラと続けてしまい時間の区切りがつけにくいが、朝ならば「出かけるまで」とか「会社が始まるまで」というタイムリミットがあるため、より集中して取り組むことができる。

STEP 2

「記憶力」

脳の仕組みを最大限に利用した覚え方

学ぶ際にカギとなるのが記憶力。大量の情報を効率よく記憶するだけでなく、状況に合わせて必要な情報を一瞬で取り出すテクニックなど記憶力を高める驚きの方法を紹介しよう。

脳の前頭葉を活発にさせる「基本三原則」とは？

脳にインプットされたさまざまな情報を素早く検索し、再構成してアウトプットするには、人の脳で最も発達した部位といわれる「前頭葉」の働きが欠かせない。

そこで、この前頭葉をより効果的に働かせるために心がけておきたい「3つの基本原則」を覚えておこう。

まずひとつ目は、「読み・書き・計算を行う」こと。読み・書きをするときは実際に声を出し、また計算は複雑なものより単純なものをするといい。

次いで、「人とコミュニケーションをとる」こと。特に一度に複数の人とコミュニケーションをとると前頭葉は活発に働く。また、家族や友人など身近な人と話をするほうが脳はよりリラックスできる。

そして最後に、「何かを作りだす」こと。料理でも楽器の演奏でも、絵を描くことでもいい。実際に自分の手や指を動かしてアウトプットを行うのだ。

前頭葉を刺激する行動とは

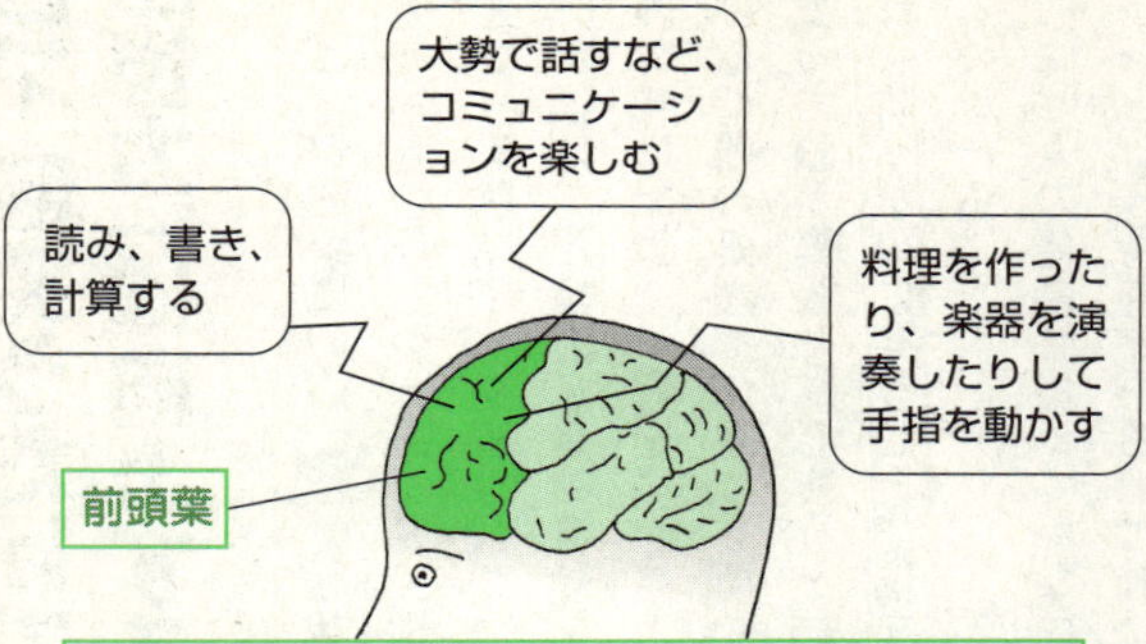
大勢で話すなど、コミュニケーションを楽しむ
読み、書き、計算する
料理を作ったり、楽器を演奏したりして手指を動かす
前頭葉

前頭葉＝思考や創造性を担う脳の中枢分野

脳は情報の要点だけを断片的に記憶していくため、もし前頭葉の機能が衰えてくると、それらをまとめることができなくなってしまう。

たとえば、「この企画書はまず〝部長〟にチェックをしてもらい、〝来週〟のプレゼンで発表する。コピーは〝10部〟必要だ」といったように複数の情報から構成された記憶ほど、アウトプットするのは難しくなる。

仕事からふだんの生活まで、携帯電話やパソコンが手放せなくなってしまったというような人は、さっそく前頭葉の動きを意識してアナログな時間を過ごしてみてはいかがだろうか。

1日1回笑うだけで「記憶力」は向上する

「笑うことが健康にいい」という話を耳にしたことはないだろうか。笑うことで体内の免疫細胞のひとつであるＮＫ細胞が増えて、細菌やウイルスの抑制にも効果があるという実験結果も発表されているほどだ。

「笑い」には、記憶力を高める効果もあるといわれている。

脳内で特に記憶や学習をつかさどるのは「海馬《かいば》」と呼ばれる部分だが、この海馬における情報の処理や伝達に必要なニューロン（神経細胞）の働きは、ストレスなどによって脳が緊張してしまうと妨げられるといわれている。

それを防ぐために**笑うことで脳をリラックスさせて、ニューロンの働きを活発にさせる**のである。

さらに、人の体には使っていない機能はどんどん衰えていってしまう「廃用性機能低下」という特性がある。これは脳にもいえることで、学生の頃に比べて記憶力

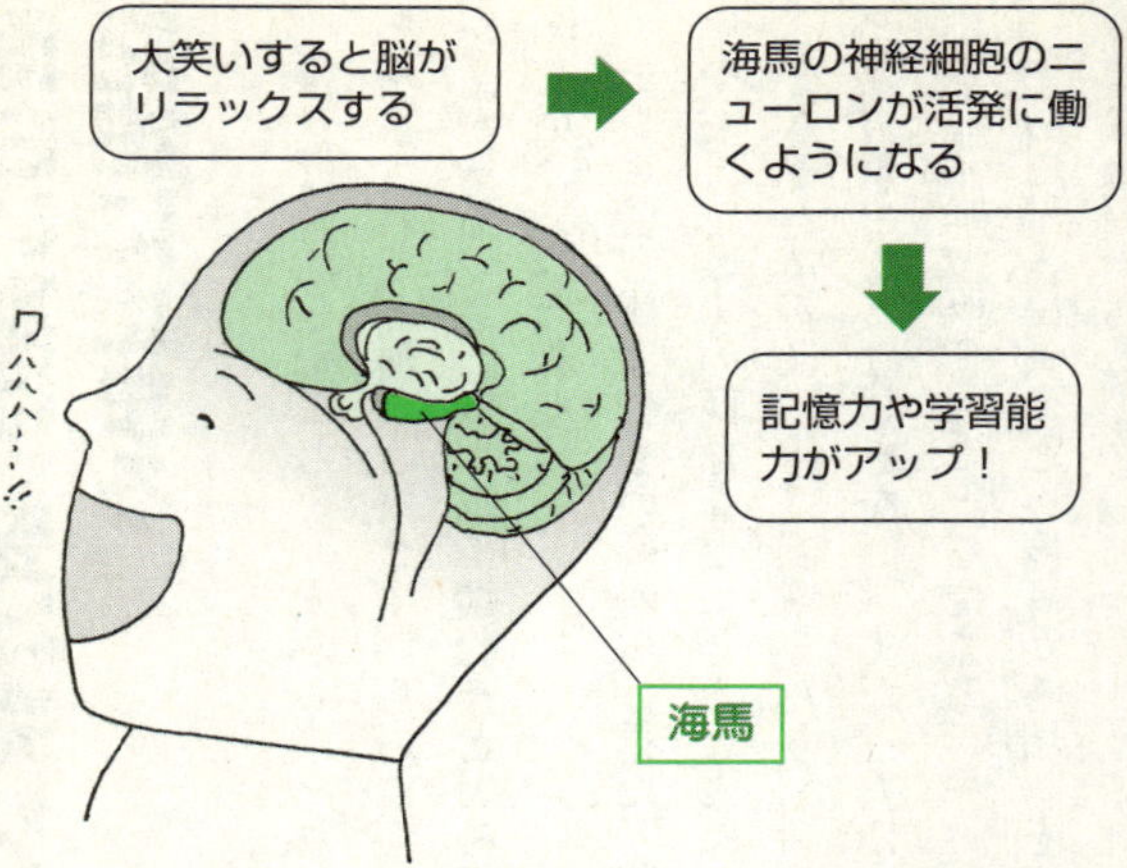
大笑いすると脳がリラックスする
海馬の神経細胞のニューロンが活発に働くようになる
記憶力や学習能力がアップ！
ワハハハ…‼
海馬

が落ちたと感じるのは年齢による機能の低下だけではなく、脳を使う機会自体が減ったことも一因だと考えられる。

そこで、**笑うことによって脳に刺激を与えて、脳内の神経伝達物質の生産を活発化させる**のである。

人体のブラックボックスといわれる脳だが、笑いはこのように脳にさまざまな効果を与えているというのだから不思議なものである。

また、体や脳への効果ばかりか、笑いは人とのコミュニケーションにも欠かせないものだ。脳の機能とともに〝低下〟してしまわないように、笑いのセンスも日頃から磨いておこう。

面白い話は〝受け売り〟すると記憶に止まる

得意げに話したことを、人から「それってこの前テレビでいってたよね？」などと指摘されると何とも気まずいものだが、そんな〝受け売り〟が得意な人に耳よりな話がある。じつは、**脳に情報をとどめておくにはむしろ受け売りを積極的にしたほうがいい**のである。

テレビでも新聞でもいいから、見たり聞いたりして自分が面白いと思った話は家族や友人、職場の同僚などにどんどん話してみよう。

そもそも情報は正確に記憶したり、話の全体像を理解していなければ人にちゃんと説明することはできない。また、人に話すことで自分の理解度や、わかっていない点をチェックすることもできる。

さらに、人に話すと再度耳から情報を得ることになり、自分の脳にもより深く記憶されるのである。

アウトプット＋再インプットで確実に記憶にとどめる

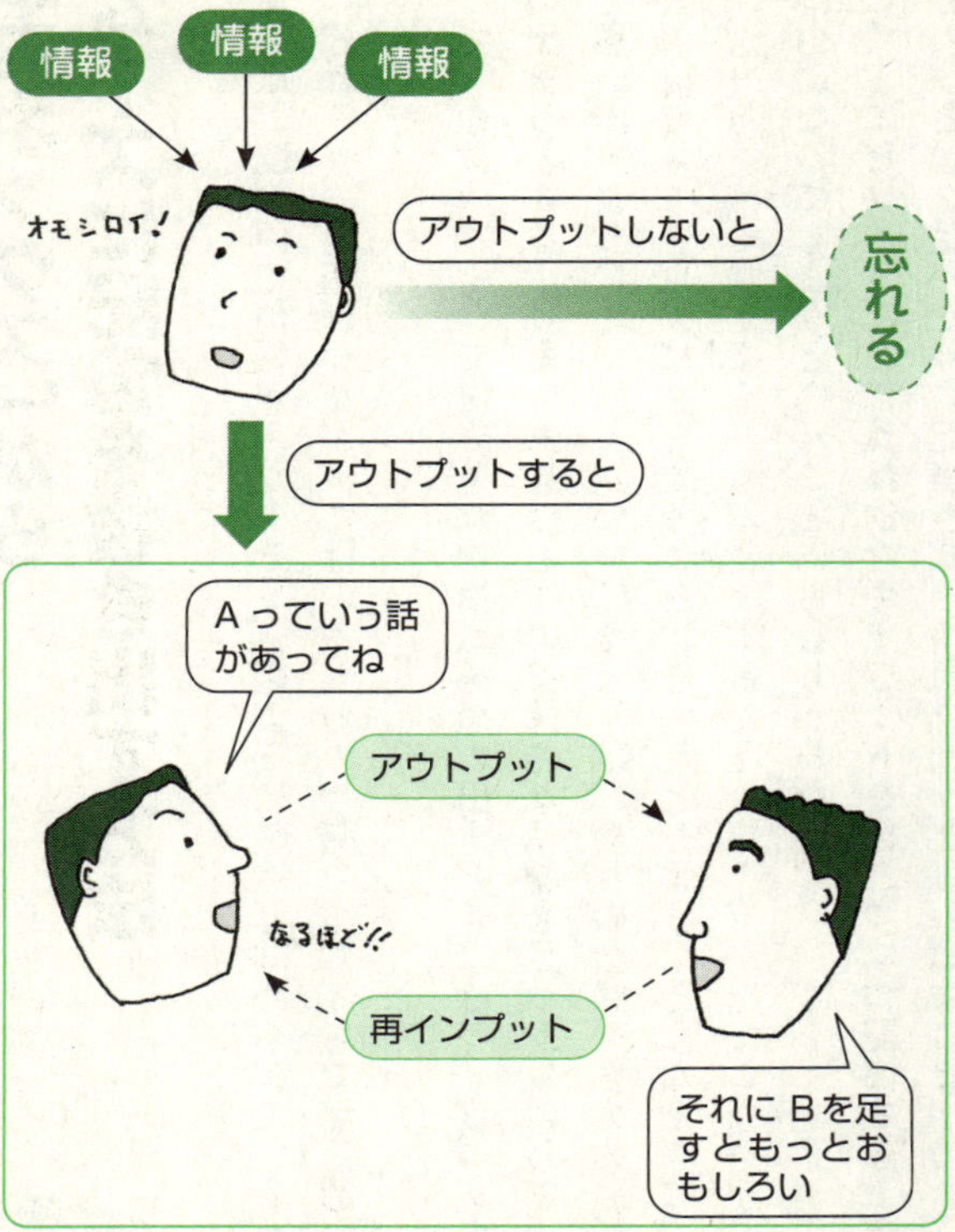
情報
情報
情報
オモシロイ！
アウトプットしないと
忘れる
アウトプットすると
Aっていう話
があってね
アウトプット
なるほど!!
再インプット
それにBを足
すともっとお
もしろい

＝

再インプットすると深く記憶される

「脳内ボックス」から スムーズに記憶を抜き出す方法

記憶とは、脳の中で情報がギフトセットのように整然と詰められているわけではない。それぞれの情報はつながってはいるものの、脳のあちこちで部分的に記憶されているのだ。

そこで、複数のパーツで構成された情報を思い出すときには、**一度にそのすべてを思い出そうとするよりも、あるひとつの具体的な情報を足がかりにして次々と連想して思い出す**ようにしたほうがいい。たとえば、会社の会議や知人の結婚式などで、人の前でメモを見ずに話をすることになったとしよう。そんなときに、その内容を一言一句すべて覚えようとすると、本番でキーワードが出てこないがために頭が真っ白になってしまうということにもなりかねない。

そこで、**エピソードごとに具体的なキーワードをひとつずつ記憶する**ようにすれば、そのひと言を足がかりに記憶された情報を次々と思い出すことができるのだ。

「脳内ボックス」からスムーズに記憶を抜き出す方法

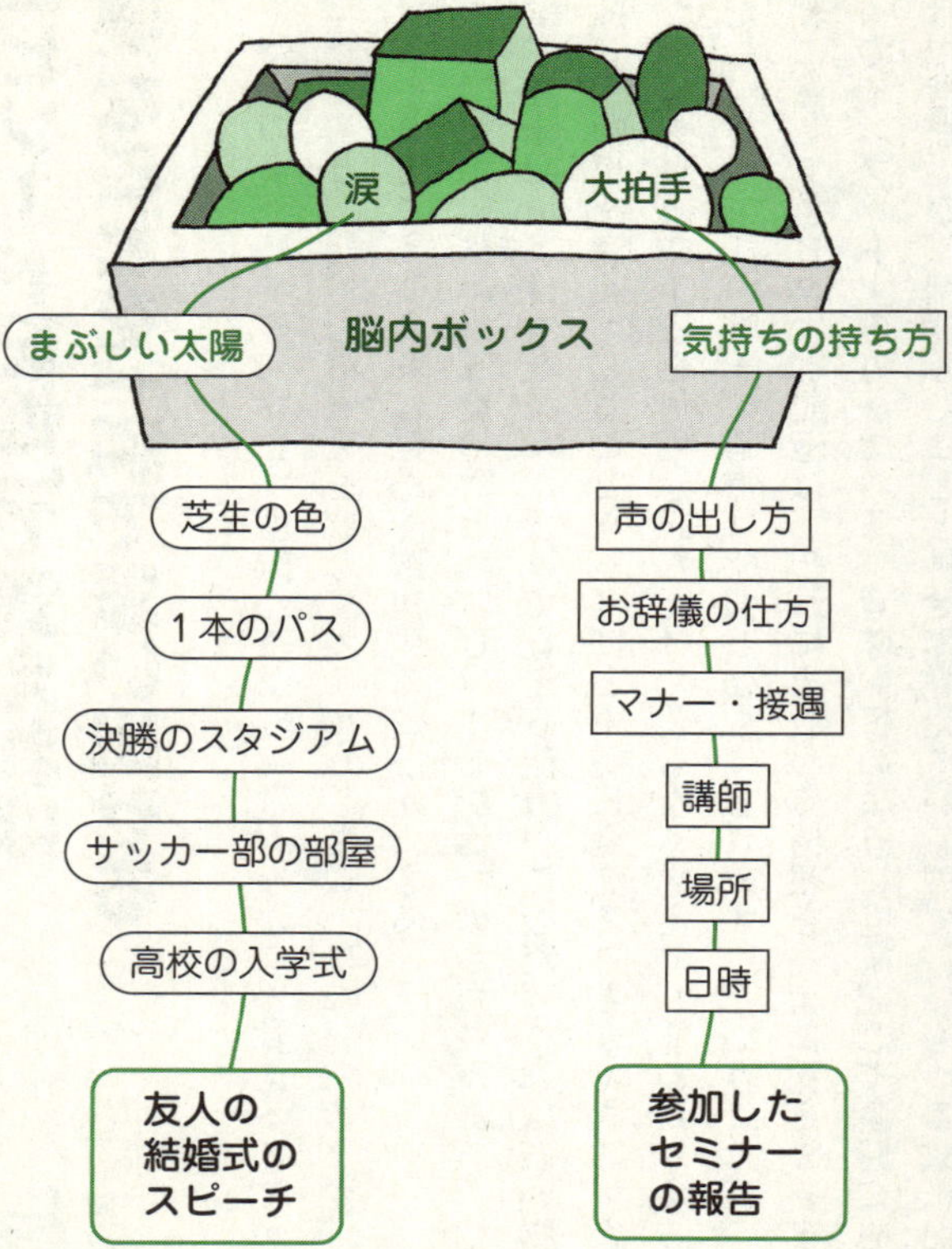
涙
大拍手
まぶしい太陽
脳内ボックス
気持ちの持ち方
芝生の色
１本のパス
決勝のスタジアム
サッカー部の部屋
高校の入学式
友人の結婚式のスピーチ
声の出し方
お辞儀の仕方
マナー・接遇
講師
場所
日時
参加したセミナーの報告

キーワードを数珠つなぎにして思い出す

「エピソード記憶」で覚えれば必要なことを一瞬で思い出せる

学生時代のように本の内容を一度読んだだけでは、なかなか覚えることができなくなった……と、記憶力の衰えを感じてガッカリしたことはないだろうか。こんな悩みは、やり方さえ変えれば難なく解決することができる。

じつは、**記憶には「意味記憶」と「エピソード記憶」のふたつがある。**

まず、意味記憶とは本を読んだだけで覚える能力のことだ。これは若い脳ほど力を発揮し、物事を深く考えることなく丸ごと単純に覚えることができる。たとえば、学生などは英単語や年表を何度か読むだけで苦もなく覚えてしまったりする。

ただし、この方法の唯一の難点は時間とともに忘れやすいということだ。

これに対してエピソード記憶は、それにまつわる情報を一緒に覚えてしまうことによってインプットする方法である。意味記憶のように丸暗記して瞬時に思い出すことはできないが、関連したことと併せて覚えているので、いもづる式に記憶を引

言葉	キーワード
SPA	IKEA、ユニクロ、H&M
リノベーション	マンションの中古物件が人気
トレーサビリティ	産地偽装事件で導入

言葉が思い出せなくてもキーワードから検索できる

き出すことができる。

そこで、**情報はエピソードとともに頭に入れておく**ことを心がけたい。

たとえば、「コンプライアンス」という言葉を記憶するときには、「食品偽装問題などで企業のコンプライアンスが問われる時代だ」といったニュースのトピックスとともに覚えるようにするのだ。

すると、コンプライアンスの意味がすぐに出てこなくても、まず食品偽装問題のニュースを思い出し、そこから記憶を手繰り寄せることができるのである。

こうしてエピソード記憶で覚えておくほうが、記憶をすぐに頭の中から引き出せて便利なのだ。

「対話学習」なら情報が何度も脳に刷りこまれるから忘れない

どこの会社にも、次々と斬新なアイデアを披露しては常に周囲を驚かせている社員がひとりやふたりいるものだ。

一度でいいからそんな人の頭の中をのぞいてみたいものだが、そのようなタイプは、けっして手品のように瞬間的な思いつきでアイデアを出しているのではない。

頭の中に蓄積している豊富な情報を、そのときの目的や予算などの条件と照らし合わせて引っ張り出しているのである。つまり、持ち合わせている情報量と〝引き出し〟の数がほかの人と比べて圧倒的に多いのだ。

そんな人に少しでも近づくべく、効果的に情報の蓄積量を増やす方法を考えてみよう。まず、脳の情報量を増やすということは、いかにさまざまな情報を整理して記憶できるかということにかかっている。

そこで、**思いついたことや新しく学んだことは頭で考えるだけではなく、マメに**

思いついたことや新しく学んだことを書いてみよう

書いているとき、脳は新しい情報と古い情報を結びつけようとして働く。書いたらもう一度読んで〝対話〟をしよう

手で書いて文字にするクセをつけたい。

書いて、それを眺めることで情報は二重にも三重にも記憶されるばかりか、いつもより時間をかけて熟考することができる。もし忘れても、それを手元においておけるメリットもある。

こうして、たとえ短時間とはいえ自分と「対話」しながら情報を蓄えていくのだ。

もちろん、幅広い情報を手に入れるには多くの本を読んだり、さまざまな意見を持った人と会って話をすることは欠かせない。

そうやって常に質の高い情報を増やしていけば、その場のニーズに合わせたアイデアを生み出せるようになるのだ。

〝アイデア脳〟が鍛えられる「ラジオ勉強法」

日本人のラジオの聴取時間は平均すると1日あたり約2時間といわれているが、同じ内容のニュースを聞くにしてもラジオはテレビと比べて聴いている側の五感の動きに大きな違いがある。

たとえばテレビの場合は、ニュースを聞きながら実際の映像を見ることができるので見たままの情報がインプットされるが、ラジオの場合はそうはいかない。

「今日、午前5時30分頃、国道○号線で乗用車とトラックによる追突事故が発生しました。この事故で乗用車に乗っていた……」というニュースがラジオから流れてきたとしよう。ところが、耳から入ってきた情報だけでは、そこがどんな場所なのか、事故の様子はどうなのかなど実際の状況はわからない。

そうすると、人間はその情景を想像しようと五感をフルに働かせる。つまり、**日ごろからラジオを聞いて五感や想像力を働かせておくと、仕事に使える〝アイデア**

脳〟が鍛えられるのだ。

また、ラジオは音楽が流れている時間やCM以外は常に情報にあふれている。まさに〝情報の宝庫〟だといってもいい。ラジオ番組はニュースだけでなく、パーソナリティーのトークやリスナーからのメッセージなど、その内容も盛りだくさんで聞き手の五感は休まることがない。本人はただ聞いているだけのつもりでも、脳内ではさまざまな機能が活発に働いているのだ。

また最近では、携帯電話でもラジオを聴くことができる。通勤電車ではダウンロードした音楽を聴くばかりではなく、こうした**ラジオ番組を聴いて五感や想像力を鍛えると凝り固まった思考力が再生される**はずだ。

ちなみに、ラジオを聴きながらの勉強には思わぬ副産物もあるようだ。**ラジオの内容を思い出すことで、そのときに勉強していたことが一緒に記憶から引き出される**のである。目から入る情報と耳から入る情報が頭の中で一体化して、まるでエピソード記憶のような状態でよみがえるのだ。

そういえば、ラジオの深夜放送といえば受験勉強の定番だが、そんな〝ながら勉強〟も意外と理にかなった勉強スタイルなのかもしれない。

記憶力ドリル

質問①

今年から数えて一昨年の来年のさらにその再来年は辰年だった。それでは今年の干支は何になるだろうか？

質問②

あなたの財布にも入っているはずの、野口英世が描かれた1000円札。ふだんよく使うこのお札のことを思い出してほしい。さて、この裏に描かれている、日本人なら誰もが知っているあるものといえば何？

質問①の答え…卯年

紙に書いてみれば簡単にわかるはずだ。ちなみに、十二支が頭に入っていない人のために改めて書いておくと、十二支は「子・丑・寅・卯・辰・巳・午・未・申・酉・戌・亥」の順となる。

質問②の答え…富士山

１０００円札の裏には、富士山とその手前の湖に映った逆さ富士、さらに桜の花が描かれている。ここまで細かく覚えているなら完璧だ。身近な１０００円札だが、裏の絵柄までは記憶していない人も多いことだろう。

STEP 3

「持続力」

モチベーションを高く保ち続けるコツ

どんなに高い目標を掲げて勉強にとりかかっても、時間の経過とともにやる気は下降してくるものだ。結局続けられない…と悩む人にモチベーションを保つ方法を紹介しよう。

頭と身体を勉強モードにさせるウォーミングアップのやり方

仕事や勉強など、締め切りが迫ってから慌ててとりかかったという経験は誰でもあるはずだ。それは集中した状態になかなか入れないことが原因である。

この問題の効果的な対策としてひとつ紹介したいのが、仕事や勉強の前にウォーミングアップを行うというものだ。

ウォーミングアップとは英語の「warming up」という言葉どおり、軽い運動によって体温を高めてケガを防ぐとともに、その後のプレーの集中力を高めることをその目的としている。たとえば、スポーツをする前には、あらかじめ筋肉をほぐす準備体操が欠かせないのと同じことだ。

これを応用して、**仕事や勉強においてもスムーズに集中した状態に入るためにウォーミングアップを行う**のである。

もし会社にいるときなら、コーヒーを飲んで気分を切り替えてみたり、資料をす

仕事モードや勉強モードに気持ちを切り替える方法

ストレッチをする　ていねいにお茶を入れる　デスクを拭き清める

仕事や勉強前の〝儀式〟に集中してから

↓

本題にとりかかる

べて机の上に用意してみる。

もちろん、軽く体を動かしてもいいし、スポーツ選手がよく試合前に行っているように、お気に入りの音楽を聞いて気分を盛り上げてもいいだろう。

このように、**「これをやってから本題にとりかかる」という自分なりの決まったルールをつくることで、その〝儀式〟を行うだけで頭も身体も仕事モードや勉強モードにすんなりとシフトできるのだ。**

ウォーミングアップをすることで仕事や勉強にとりかかるのが早くなれば、集中力も持続できて、その後の予定も次々と前倒しすることができる。そうすれば、全体の効率もアップしていくだろう。

モチベーションを保つためには〝大げさな動機〟がいい

「自分は何をやるにも三日坊主で続かない……」という人は、その原因を自分の意思の弱さのせいにして簡単に片付けてしまう傾向にあるが、じつは、その取り組み方に問題があることのほうが多い。そこで、始めたころの高いモチベーションをいつまでも保ち続ける方法を紹介しよう。

まず、**仕事や勉強をするにあたり、思わず続けたくなってしまうような〝スゴイ動機〟を自分に設定**してあげることだ。

人が何か行動するときには、大なり小なりその行動をするための動機が存在する。三日坊主で終わってしまうような人は、そういった行動を継続するための動機づけがうまくいっていないだけなのである。

たとえば、家を出るのが遅くなり、いつも乗る電車に間に合わなくなってしまったとしよう。もちろん、その電車に乗り遅れると遅刻は確実だ。

動機は〝大げさすぎる〟ほうがいい

ここで、少しくらいの遅刻ならちょっと注意される程度で問題ないと思ってしまう人もいるだろう。

ところが、今月から1回でも遅刻をするとボーナスの査定に影響する、そんなルールを上司から伝えられていたとしたら……おそらくカバンを抱えて走り出すはずだ。少々極端な例だが、これこそがまさに〝動機〟なのである。

ほかにも、何か目的が達成できたらずっと欲しかったモノを買う、行きたかったレストランで奮発して豪華なディナーを楽しむなど、**ちょっとした〝自分へのご褒美〟を用意しておく**のもいいだろう。

スランプに陥ったら「自分以外のせい」にするとうまくいく

真面目な人ほどスランプに陥りやすいといわれる。そんな人は一度スランプかなと思ってしまったが最後、底なし沼に引きずり込まれていくようにミスを繰り返してしまうものだ。

とはいえ、何となく調子が悪いからといって仕事は待ってくれるものではない。そこで、いつまでもスランプのトンネルを抜け出せないという人におすすめしたい簡単な「スランプ脱出法」をお教えしよう。

それは、スランプの原因を「自分以外」のところに求めることだ。一度スランプに陥ってしまうと、人はその原因を追及して悩んでしまう。悩んで悩み抜いて、行きつく先は結局のところ「自分には才能がない、不向きだ」といった〝自己否定〟になってしまうのだ。これではスランプから抜け出すことはできないだろう。

そこで、たとえば「ちょっと寝不足だったから」とか「運動不足だったから」など、

ひどいスランプに陥ったときに自分に言い聞かせたいフレーズ

天気が悪いから気分がのらない
（天気のせいにする）

寝不足だからしかたがない
（体調のせいにする）

机が片付いていないから仕事がしづらい
（環境のせいにする）

仕事ができないのは能力のせいではない！…と仕切り直そう

体調面などの外的な要因をスランプの原因として強引に持ち出してみるのだ。

そうして、その原因の改善に集中すれば、悩みが消えていつの間にかスランプからも抜け出せているはずである。

ほんの少し視点をずらすこのテクニックは、一種の自己暗示である。

自己暗示といえばほかにも、このネクタイを締めれば調子を取り戻すことができる、このカバンを持てば元気になれる、といった**自分なりの〝スランプ脱出アイテム〟を用意しておく**のもいい。

大切なのは、自分を追い詰め過ぎずに、上手に気持ちを切り替えることができるかどうかである。

忙しいときほどその他を全部捨てて一点集中したほうがいい

「今日は企画書作りにランチミーティング、午後から来客。そうだ、来週のアポイントも入れておかないと……」。

自分が抱えている圧倒的な仕事の量を前にして、途方に暮れてしまった経験はないだろうか。これではモチベーションが下がってしまい、集中して仕事に取り組むことができなくなる。仕事の能率も悪くなる一方である。

そこで、ここ一番で集中しなければならないときには、思い切ってその他のことはいっさい捨ててしまおう。それがカシコいやり方でもあるのだ。

まずは、**最も期限が迫っている仕事は何かを確認してとにかくそれを仕上げることに全力を注ぐ。**それが終わったら次、また次とひとつずつクリアしていけば、気がつくと仕事の山を越えているのだ。

また、集中するための環境はちょっとした工夫で整えることができる。

最優先すべき仕事以外はとりあえず〝捨てる〟

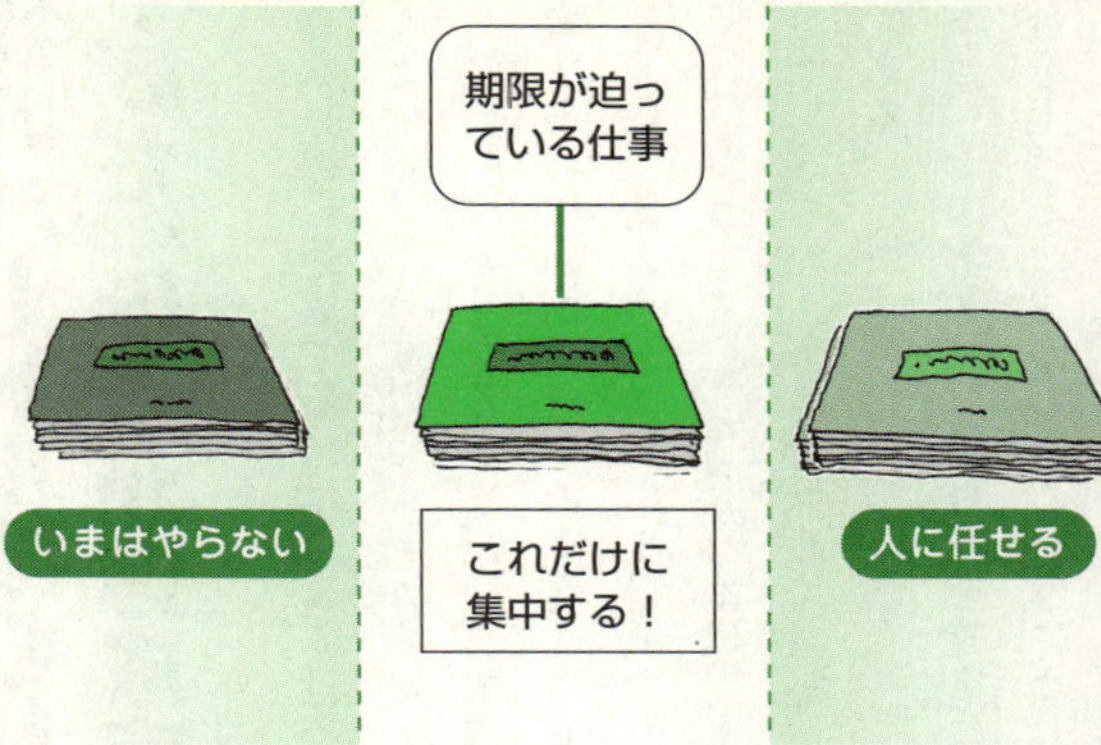
期限が迫っている仕事
いまはやらない
これだけに集中する！
人に任せる

考えてみれば、自分の席で仕事をしているときに集中力を途切れさせてしまう最大の要因は、ほかでもない自分あての電話や、他人からのちょっとした頼まれ事などだ。

集中した状態がいったん中断してしまうと、元に戻って仕事を再開するまでにそれなりの時間がかかってしまう。

そこで、「ちょっと集中したいので、これから2時間は電話は取り次がないでほしい」と周囲の人に断っておくとか、可能なら空いている会議室を〝独占〟したり、外に出て喫茶店で仕事をするなど一時的に周囲との距離をつくればいい。そうすれば集中力はおのずと高まるのだ。

10

目標のハードルはむしろ"下げた"ほうが達成率が上がる！

大きな目標を達成するには、**まず低いハードルから始めて、それを段階的に上げていくといい。**そうすれば最初から高いハードルをめざすよりも長く続けられるし、目標も達成しやすくなるからだ。この方法はビジネスはもちろん、さまざまな目標を達成するのに応用できるので覚えておきたい。

たとえば、新人営業マンに1日あたりの訪問件数を少しでも上げさせたいのなら、「もっと訪問してこい」と漠然と指示を出すのではなく、「今月は1日5件を目標にしよう」とまずハードルを低めに設定しておいて、翌月からこれを徐々に引き上げるのである。

すると、その営業マンは目標を確実にクリアすることができるので、しだいに訪問件数を上げるコツがわかるようになり、3カ月もすれば上司が特に指示をしなくても毎日多くの顧客を訪れられるようになるはずだ。

跳べないハードルが続くと、モチベーションは下がり続ける

階段を上るように一歩一歩ステップアップしていけば、自分の成長も実感できて希望を持って続けることができる。何事も焦らずに前に進めば、達成することは難しいように見える目標でさえも確実に射程内に入るのだ。

ちなみに、古くからビジネスの世界では**「何事も小さく生んで大きく育てる」**といわれている。これは会社経営のノウハウとしても使われる言葉で、はじめから規模の大きな会社を設立するのではなく、小規模な会社からスタートして、時間をかけて確実に大企業へと成長させることを意味している。これもハードルの話とまったく同じ目標設定の方法である。

ビジネスでは「苦手なことはそれなりに」でOK

「あなたの得意なことは何ですか?」と聞かれて、すぐに答えを返せる人は少ないものだ。ところが、「あなたの苦手なことは?」と聞かれると不思議と多くの人から返事が返ってくる。人は自分の苦手なことほどよくわかっているのだ。

このように、人にはいい経験よりも、どちらかといえば苦い経験のほうを強く覚えている傾向がある。

とはいえ、たとえば自己紹介で**自分の短所ばかり伝えたところで相手はいい印象を持ってはくれない。**だからこそ、ポジティブに考えて積極的に長所を伸ばすことにも注力するべきなのである。

もちろん、仕事では自分の得意なことばかりを任されるものでもないだろう。プレゼンでも企画書づくりでも何かミスをしてしまい一度苦手だと感じてしまうと、その仕事に対してのマイナスイメージはいつまでもつきまとってしまう。

すべてをソツなくこなそうと考えない

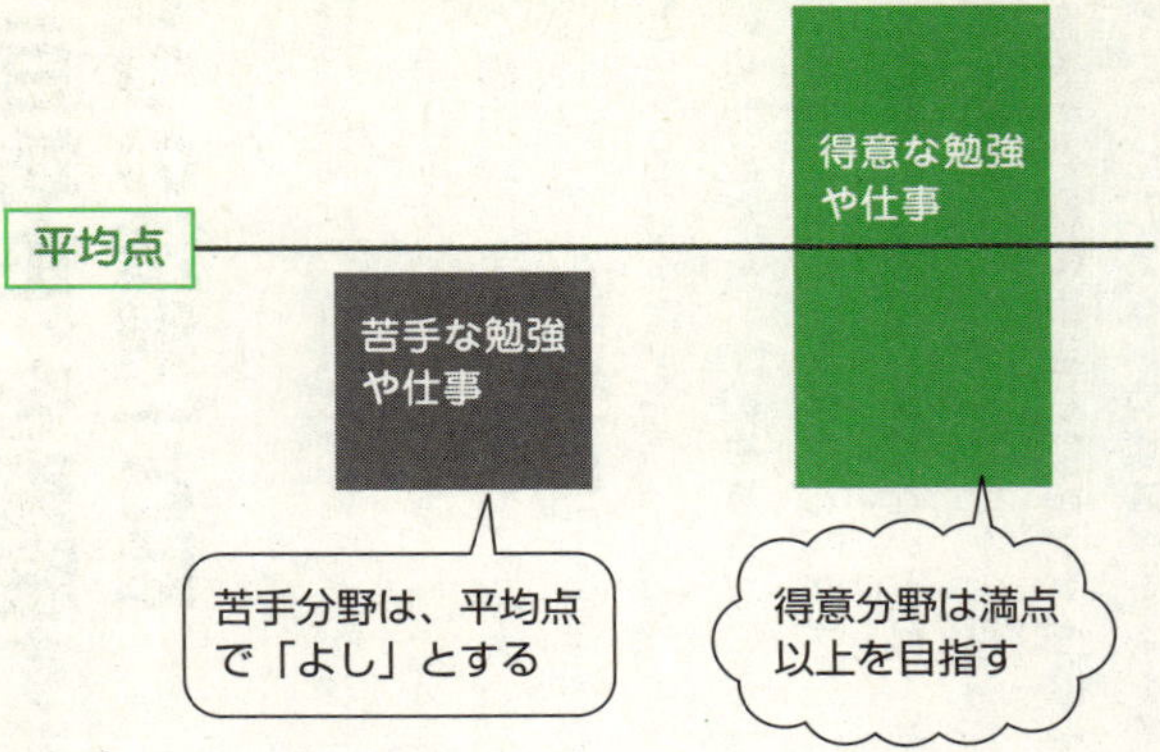
得意な勉強や仕事
平均点
苦手な勉強や仕事
苦手分野は、平均点で「よし」とする
得意分野は満点以上を目指す

ひとつの失敗がいつまでも尾を引くのは、仕事に限らず、勉強やスポーツ、さらには人間関係においても同じである。

だからこそ、苦手な分野では何とか平均点を出すことを目指し、その分、**自分が得意な分野では思う存分、力を発揮すればいい**のである。

そこで、できないことは思い切って誰かに頼んでしまうのだ。

何かひとつでも壁にぶつかってしまうと、一気に仕事に対するモチベーションが下がってしまうものである。ところが、自分の〝短所〟を知ることは、一転して〝長所〟を伸ばすいいチャンスとなることを覚えておきたい。

〝三日坊主〟を克服する「3つの法則」とは

人は、最初はやる気に燃えてスケジュールどおりに実行していても、しばらく経つと「忙しいから明日にしよう」とか「準備が面倒だからあとにしよう」などと身勝手な理由が口をついて出てくるものだ。

そこで、「三日坊主を克服する方法がある」といわれれば、誰もが思わず身を乗り出してくるはずだ。

その克服法だが、**①始めるまでに3分以上かけない、②やる気の失せないスケジュールを立てる、③勉強する時間を先に決める**――この3つに集約される。

始める前に3分以上かけないとは、勉強をスタートするまでの時間のことを指している。勉強するたびに必要な本をわざわざ書棚まで取りに行ったり、辞書や筆記用具をそのたびに用意していたのでは準備に時間がかかり、始めること自体が面倒くさくなってしまう。勉強スペースを確保しておくなど、すぐ勉強にとりかかれる環境を整えておくことも大切だ。

また、やる気が失せないスケジュールを立てるには、学習量より勉強できる時間がどれくらいあるかを優先して考えるといい。

というのは、学習のボリュームを中心に考えると、どうしても決めた量を消化することばかり気にしてしまうからだ。これでは、肝心の勉強に身が入らないばかりか、いつまでも量を消化できないことがモチベーションを下げる原因ともなる。

そこで毎日、机の前に確実に座っていられる時間がどれくらいあるかを先に確認して、そこから逆算して学習量をはじき出してみよう。これなら無理なく、確実な計画を立てられるはずだ。

そして3つ目の勉強時間を先に決めるとは、1日の予定を組むときにまず、何時から何時までを勉強時間とするか決めたうえで、食事や仕事の時間を設定するということだ。こうすることによって確実に時間を確保できるので、いくら多忙になっても続けることができる。

この3つの法則さえ守れば、勉強でも仕事でもスケジュールを先延ばしにすることはない。**3日坊主とすぐにサヨナラできる**のだ。

下がったモチベーションを2日で完全復活させるには？

勉強となると、まじめな人ほど「毎日続けることが大事」とばかりに意地になって毎日続けようとする。ところが、それでは知識は身につかずにかえって逆効果になることが少なくない。

無理して続けて、一度、「イヤだな」という気持ちが頭の中を占領してしまうと、たちまちやる気など失せてしまうからだ。

それよりも、「もう勉強したくない！」と手がつかなくなったら、そのときは2、3日ほどきっぱりと勉強をやめてしまうほうがいいのだ。

そして、前から観たかった映画を観たり、スポーツをするなどいままで勉強に追われてできなかったことを思いっきりやるといい。

もちろん、何も考えずにダラダラ過ごしてもいいだろう。大切なのは、頭の中から勉強のことをいっさい追い出してしまうことである。すると、3、4日くらい経

モチベーションが下がったら勉強するのをスッパリとやめる

2～3日、好きなことだけをする
No!
焦りが出てきたら、新鮮な気持ちで勉強再開！

ってから「本当にこんなことをしていていいのだろうか」と焦りの気持ちが生まれてくる。そうなればしめたものだ。

そこでもう一度勉強を再開すると、また新鮮な気持ちで集中することができるし、いままで見えていなかった自分のウィークポイントも客観的に把握できるようになる。

「よく学び、よく遊べ」ではないが、勉強するときにはとことん集中して、休むときにはしっかり休む。テキストはどこか目の届かないところに片付けてしまってもいいだろう。**中途半端に勉強に気をとられながら休むと、勉強を再開したときに新鮮な気分も半減してしまう**のだ。

10年後のリターンを10倍にする“自己投資法”

将来へのリターンを10倍にする方法がある。といっても、それは株式や債券といった金融商品への投資ではない。

では、何に対して投資をするのか。それは**自分自身に対しての投資**である。

たとえば、時間とお金をかけて取得した資格で仕事の守備範囲を広げれば、ビジネスチャンスが増えて実績に結びつくだろうし、その結果、出世競争でライバルより一歩リードできる。また、キャリア・アップして実績を積めば、より給与条件のいい企業への転職も夢ではないだろう。

このように自分にいくらかけているかで、将来の収入が決まってくることもあり得る。だから「時間がない」とか「お金がもったいない」といって、勉強に対してお金をケチってはいけないのだ。

実際に、社会人になってから100万円を自分に投資して弁護士資格を取得して

「目標とする自分」になるためには時間とお金を惜しまない

お金
・資格取得
・学習
・服装
・食生活
・趣味
など
10年後の自分
時間
・勉強
・読書
・人脈づくり
・遊び
・情報収集
など

年収が1000万円を超えるようになった人や、サラリーマンをしながら夜間大学に通ってMBA（経営学修士）の資格を取得した人も珍しくはない。

そんな自己投資で**最も大切なことは、10年後の自分自身のビジョンをはっきりと描くこと**である。自分が将来どんな生活や仕事をしたいのか、その夢をより具体的に考えてみよう。

それが具体的であればあるほど、自分のモチベーションも上がるはずだ。

そうして明確なビジョンを持ったら、あとは目標に向けてじっくり時間をかけて、資金を運用するように自分にお金を投資していけばいい。

持続力ドリル

質問①

毎日必ず1時間、資格試験の勉強をすることにしているが、今日はどうしても時間がとれそうにない。勉強は毎日続けることが大事なのはわかっているが、こんなときはどうすればいいだろうか。

A　その日は潔くあきらめて、翌日からまた頑張る
B　1分でもいいからとにかくテキストを開く

質問②

勉強など何かを継続していくためには、三日坊主にならないような動機づけや目標が重要になってくる。それでは、目標の立て方として適しているのはどっち？

A　モチベーションを高めるために先を見据えて、常に最終的なゴールを意識する
B　目標到達までをいくつかのステップに分けて、細かな目標を立てるようにする

質問①の答え…B
毎日の勉強は習慣にするまではかなり苦労するが、1日でも途切れてしまえばそんな苦労は一瞬で崩れてしまうものだ。毎日短時間でもいいのでとにかくテキストを開こう。大切なのはとにかく毎日続ける姿勢だ。それに、どんなときでも毎日続けているという自信が、その後の持続力にもつながる。

質問②の答え…B
目標があまりに壮大すぎると、その目標に対していま自分がどこにいるのかを見失ってしまいがちだ。それよりも、具体的な目標を積み重ねて着実に歩みを進めるほうがモチベーションは保てる。

STEP 4

「疑問力」

重要ポイント・問題点をひと目で見つける技術

ビジネスチャンスは、世間で常識といわれている物事に疑問を持ち、「なぜ?」「どうして?」と考えることから生まれるもの。疑問力を磨けば〝目のつけどころ〟が変わってくる。

「当たり前」のことほど おかしいと疑え

ビジネスでは、多くの競争相手が乱立している市場に〝後発組〟として飛び込むよりも、誰も目をつけていない領域で〝パイオニア〟としてビジネスを始めるほうが成功する確率が高い。

ところが、そんなパイオニアになるのは容易なことではない。

では、誰も目をつけていない領域を見つけるにはどうすればいいのだろうか。

そのために必要なことはまず、**これまでの常識に対して「なぜだろう?」とか、「不思議だな?」などと疑問をぶつけられるかどうか**にかかっている。

その証拠に、「ニッチ」や「ベンチャー」と呼ばれるビジネスは、ふだんの暮らしのちょっとした不便や不都合など思いもよらぬところに目をつけたことで成功を収めているケースが少なくない。

たとえば、「文字が消せるボールペン」が登場して話題となったが、これも、「ボ

「当たり前」のことをいろいろな角度から見てみると…

ビニール傘は安いほど売れる…
使い捨てじゃない高品質でおしゃれなビニール傘ってうけるかも
コンビニの店員といえばアルバイトだが…
コンビニにカリスマ店員がいると面白いかも！

ールペンで書いた文字は簡単に直せない」「修正液を使うしかない」という常識を見事に覆すことで、ヒット商品となり得たのだ。字が消せるボールペンが登場するとは誰も予期しなかっただろう。

それまでの常識にのっとって、「そんなこと当たり前だ」「常識的に考えておかしい」などと頭から決めつけてしまっては、いつまでたっても斬新なアイデアは浮かばない。

それよりも、多くの本を読んだり、日頃からいろいろな人と話をすることで幅広い考えに触れて疑問を持つクセをつけておけば、思わぬビジネスチャンスに出会える可能性がグンと高まるのだ。

〝常識の壁〟を破る「スキーマ発想法」とは？

いままでにない新しいアイデアを思いつくためには、まず自分の考えから「スキーマ」を見つけ、それに縛られないようにするのが鉄則だ。**スキーマとは心理学用語のひとつで、「常識」や「先入観」のこと**である。

では、そんなスキーマが発想の邪魔をしてしまう例としてこんな状況を考えてみよう。たとえば、大量生産で商品が低価格化しているマーケットに、高額な新製品を投入すると上司からいわれたらどう思うだろう。大半の社員は、「そんな価格で売れるわけがない」と否定的に考えるはずだ。

これは頭の中に、「低価格で売るのが当たり前」というスキーマがあるため、そのスキーマに反する情報を拒絶してしまうからである。

ところが、先入観にとらわれずに考えてみると、価格に見合う品質を追求したり、販売ターゲットを絞り込んだりすることで他社の製品との差別化を図っていけば、

あえて正反対の発想をしてみると…

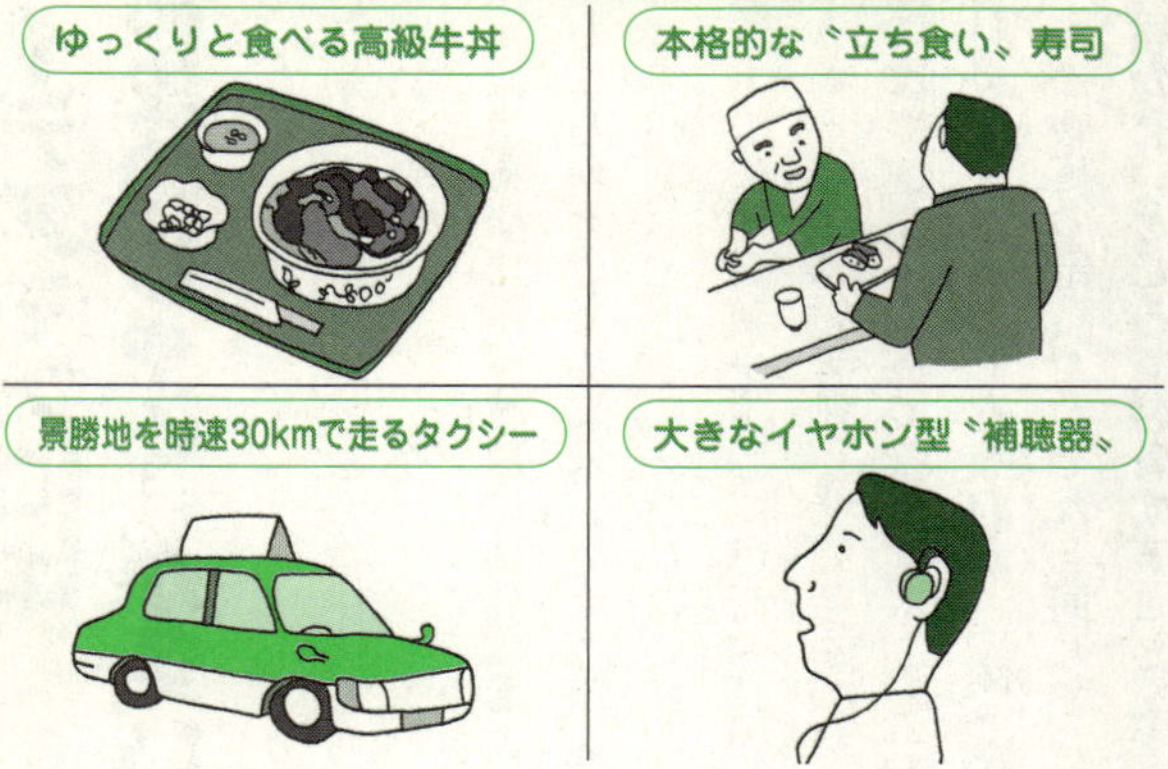
ゆっくりと食べる高級牛丼
本格的な〝立ち食い〟寿司
景勝地を時速30kmで走るタクシー
大きなイヤホン型〝補聴器〟

高額商品を販売しても十分に利益を確保できることに気がつくはずだ。

そこで、アイデアを考えるときにはまず何が自分のスキーマになっているかを考えてから、それとは正反対のことをいくつも挙げてみるといい。

たとえば、〝早い〟のが常識なら〝遅い〟とどうなるのか、あるいは〝短い〟のが一般的なら〝長く〟したらどうなるのかを想像してみるのだ。

こうすることで発想がより豊かに広がり、そこから新しいアイデアが生まれるのである。「ノンアルコールビール」などは、まさにこのスキーマ発想法から生まれたヒット商品といえるだろう。

アイデアマンには〝あまのじゃく〟が多い

同じやり方では勝負にならないのならば、ときには**あえて〝あまのじゃく〟になる**ことも必要だ。

たとえばあなたが、新たに業界に参入したある企業で営業を担当していたとしよう。ところがその業界には、巨大な販売網を持った老舗の企業が長年にわたり君臨し続けている。どんなにあなたの会社が扱う商品に自信があったとしても、その老舗とまともに販売競争をしては勝ち目がない。

こういうときは、老舗がまだ手をつけていないネット販売など、旧態依然とした組織にはできない土俵で勝負することが必要である。

歴史を振り返るまでもないが、「剛」には「柔」で、「個」には「集団」で立ち向かうのが戦術の定石だ。それと同じで、**あえて相手の得意分野とは正反対の相手の手が届かないところで勝負する**ことを意識してみよう。

実現可能か不可能かは考えずに逆を考えてみる

当社では長年このやり方でやってきました

左ページに現状、右ページに〝あまのじゃく〟な意見を書いてみる
フム フム…
・お得意様中心 → 新規ターゲットに切り込む？
・地元中心 → 銀座に出店？

「どうしたら楽になるか？」を考えると改善策が見えてくる

仕事をしているときの目標として「楽をする」というと響きがよくないかもしれないが、この言葉を「効率を上げる」と置き換えてみるとどう感じるだろうか。すると途端に前向きな言葉となるはずだ。

そう、仕事はもっと楽して向き合うべきなのである。

仕事を楽にする方法のひとつは、仕事におけるさまざまな不都合や疑問に対して改善策を見い出すことだ。その点、「必要は発明の母である」という発明家のエジソンの言葉はじつに本質をとらえている。

たとえばいま抱えている仕事で、「効率が悪い……」と感じながらも長年決まり切ったルールのもとに行われている作業があるとしよう。

効率を上げるためにも一度そのルールをリセットしたいのはやまやまだが、新しいやり方を考えてそれを導入するのはあまりにも手間がかかる。だから、わかって

楽になる改善策を考えるのがベスト

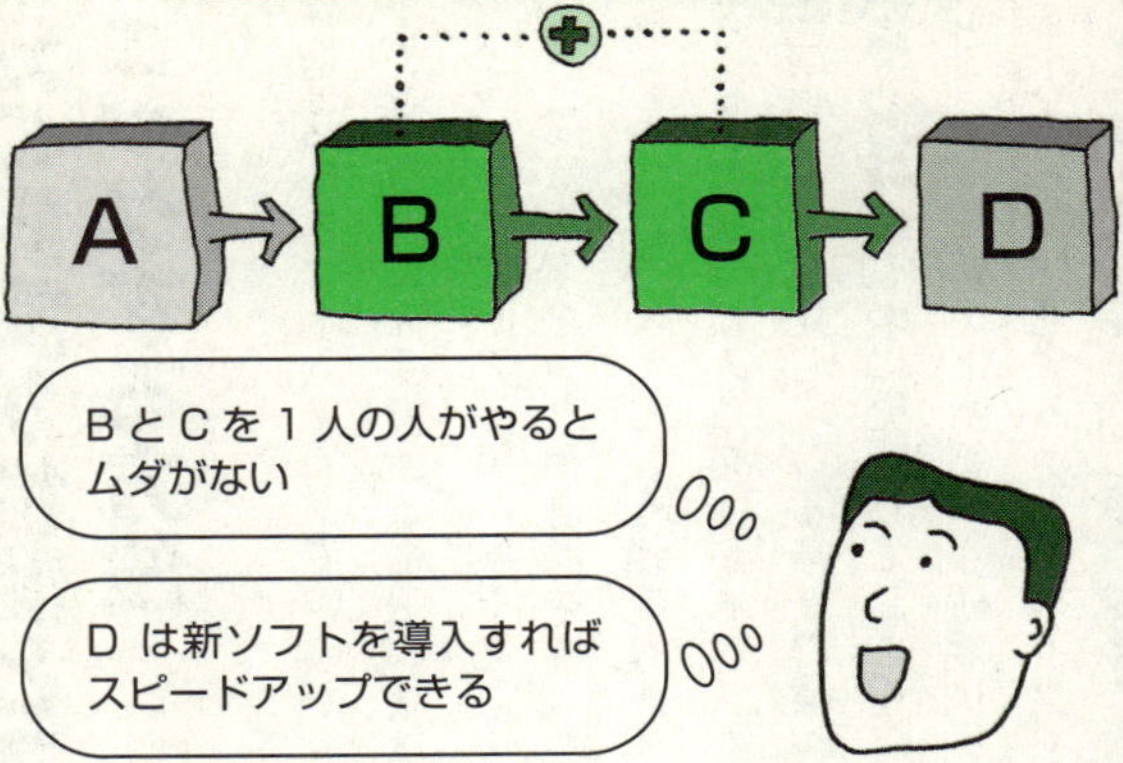
A
B
C
D
BとCを1人の人がやるとムダがない
D は新ソフトを導入すればスピードアップできる

はいてもいつまでも変わり映えしない方法を繰り返してしまうのである。

ところが、トータルで考えるとこれほど時間をロスしていることもない。

たとえば、4つの工程を4人で作業している場合、1人減らして3人でやってみる。もしくは、手間のかかる作業を外部に出してみるなど改善策を考えてみるのだ。

それに、ジレンマを抱えたままではストレスもたまる一方である。

仕事でも家事でも「どうしたらもっと楽に、スムーズにできるのか」を、答えが見えてくるまでとことん考えることが大事なのである。

自分の認識が世間とズレていないかチェックする方法

携帯電話やスマートフォンでいつでもインターネットにアクセスできるようになってから、気軽に入手できる情報の量は年々増加している。その反面、情報の鮮度は短くなってきているように感じることはないだろうか。

1カ月前はこうだったと自信を持って発言しても、じつはその内容はすでに180度変わってしまったという状況もあり得るのだ。だから、自分の認識が古くないかどうか常に疑ってみる必要がある。

そこで、日々進化している**最新の情報ツールを利用して、自分の持っている情報や知識を最新のものに更新**しておこう。

たとえば、インターネットの検索サイトを利用するときにも、ただ漫然とキーワードを入力して関連するホームページを調べるだけでは能がない。

そんなときは、ふだんから**よく利用している検索サイトの名前の後ろに「新機能」**

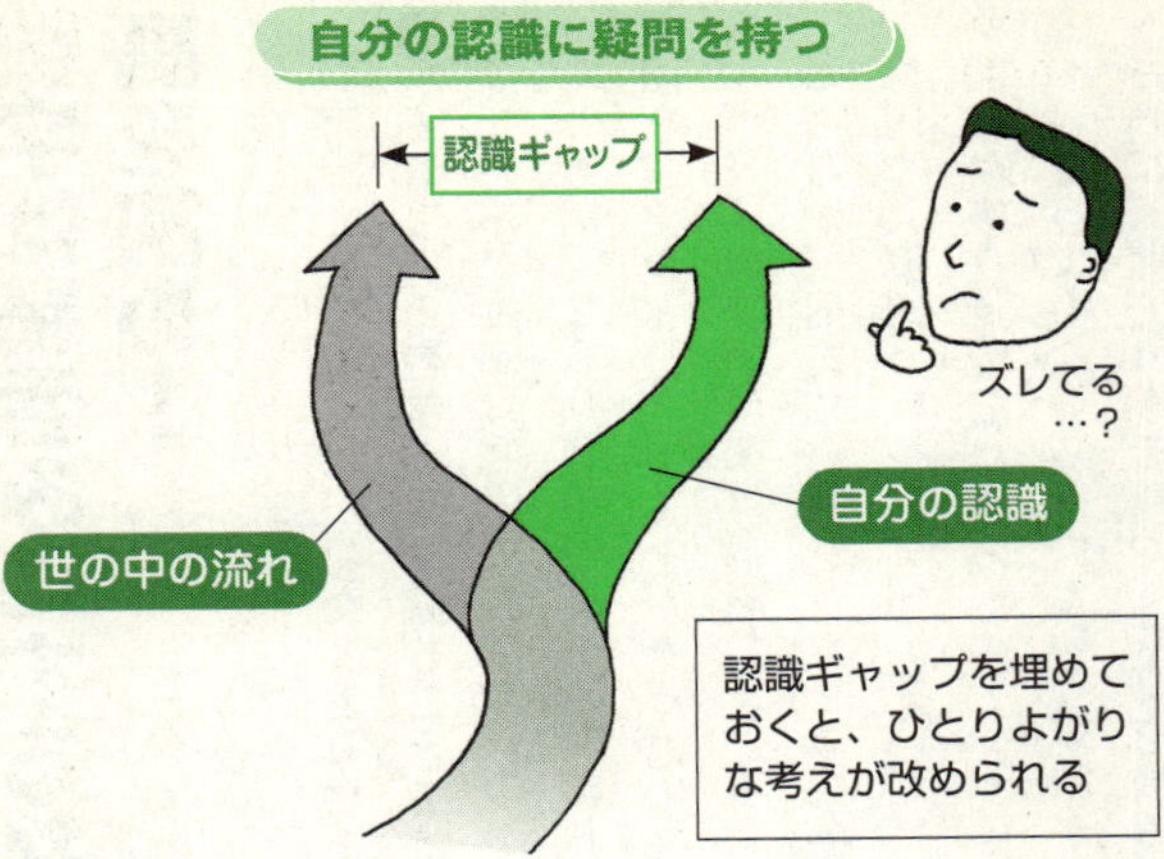
自分の認識に疑問を持つ
認識ギャップ
ズレてる…？
自分の認識
世の中の流れ
認識ギャップを埋めておくと、ひとりよがりな考えが改められる

というキーワードを打ち込んで検索してみよう。すると、発表になったばかりの新しい機能に関しての情報やプレスリリースが見つかるはずだ。

たとえば、インターネット検索最大手のグーグルなら、自分の調べたいキーワードがどれくらいの頻度で検索されているかを分析できるサービスや、キーワードを設定しておくだけで関連記事を自動的に知らせてくれるアラート機能などを無料で利用できる。

常に進化するそれらのツールをカシコく利用すれば、自分の知りたい、あるいはすでに知っている情報が旬のものかどうかをチェックすることができるはずだ。

数字は鵜呑みにするな、裏を読め！

「数字」というものは、見たとおりにそのまま受けとってしまいがちな情報だが、**表示されている数字の裏を読むことではじめてその本質が見えてくる**ものである。

そこで、ふだんから磨いておきたいのが〝数字力〟だ。

たとえば、２００９年の日本国内における映画の興行収入は3年ぶりに２０００億円を超えたというデータがあった場合、このトピックスだけを目にすると、「そうか、日本の映画産業は復調している」と思えてしまう。

ところが、同時に発表されたヒット作のタイトルとその興行収入を見てみると、30億円や40億円といった金額を稼いだビッグタイトルのほとんどは、一部の大手映画会社の製作や配給によるもので、邦画業界全体が盛り上がっているかといえば、じつはそうでもないらしいという現状が見えてきたりする。

さらに、前売り券を買って映画を観るとだいたい１５００円くらいだから、この

「数字力」でさらなる情報を収集する

2012年のGDP

日本	中国
約6兆ドル	約8.2兆ドル

人　口

日本	中国
1億2761万人	13億5404万人

中国がついに日本を追い抜いた！
でも、まてよ…
中国の人口は日本の10倍！
国民1人当たりに換算するとまだまだ低い

年のヒット作はだいたい200万人くらいの人が観た計算になるな……といったこともすぐにイメージできる。

このように**数字を読み解く力があれば、ふだん見過ごしていたことに気づき、また物事を別な角度から見ることができる**のだ。

数字力をつけていけば、取引先との交渉や会議でのプレゼンでもより説得力のある発言ができるようになって、あなたに対する評価も上がるにちがいない。

もちろん仕事においては数字を予測し、深読みすることは欠かせない能力だから、ビジネスパーソンには必須のスキルであるのはいうまでもない。

新聞の〝水面下〟にある見えない真実をつかむ技術

ある調査によると、25〜49歳のビジネスパーソンの57・3%が新聞を定期購読しているという。いまや新聞の記事はインターネット上でも気軽に読めるようになっているから、昔より新聞に毎朝、目を通している人は少なくなっているようだ。とはいえ、それらの人が新聞を有効に活用できているかというと甚だ疑問である。

たとえば、新聞に天気の長期予報が掲載されていたとする。そこには、「3カ月予報発表、今年は冷夏」という見出しで、今年の夏は冷夏が予想され、例年ほど気温が高くならないという記事が書かれている。その見出しをパッと見て「今年の夏はしのぎやすいらしいね」などと世間話のネタにする人は少なくないだろう。

ところが、せっかく忙しい時間を割いて新聞に目を通しているのにそれだけではじつにもったいない話だ。**新聞は一面的な情報を提供してくれる反面、より深い情報を得ることができる**からである。

新聞記事に書かれていることは氷山の一角にすぎない

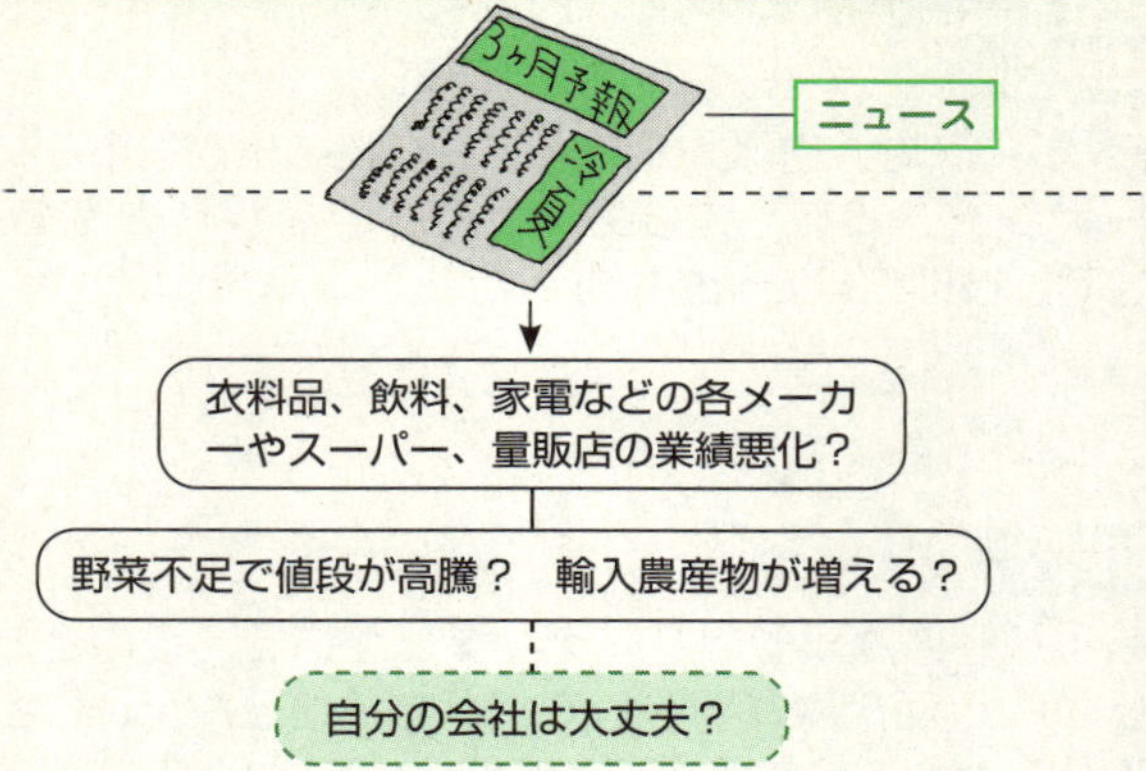
3ヶ月予報
冷夏
ニュース
衣料品、飲料、家電などの各メーカーやスーパー、量販店の業績悪化？
野菜不足で値段が高騰？　輸入農産物が増える？
自分の会社は大丈夫？

たとえば、冷夏について書かれた記事は、冷夏が原因で夏物商戦が不調になることを示唆している。そこで株式欄を見てみると、衣料品メーカーや飲料メーカーの株の動きはどうなっているだろうか。業績悪化が予想され、下降線をたどり始めているかもしれない。

もちろん株式の動きは投資の話ばかりか、経済の動き、ひいては自分の会社にも関係してくるはずだ。もしかするとビジネスチャンスに結びつくかもしれない。

このように、新聞にはひとつの記事をきっかけに、さらにその水面下にある情報を深読みすることができる優秀なツールなのだ。

疑問力ドリル

質問①

F1 レースで、日本人ドライバーが操る車が見事なコーナリングで前を走る第 11 位の車を抜き去った。さて、彼はこれで何位になった？

質問②

あるバーには双子のバーテンダーがいる。このどちらかに 1 回だけ質問をして、どちらが兄かをいい当てることができればその日の飲み代はタダになるという。ところがこの２人、兄のほうは必ず正しいことをいうが、弟はウソしかいわない。いったいどんな質問をすればいいだろうか。

質問①の答え…11 位

急いで答えようとすると「11 位の前に出たのだから、10 位」と考えがちなので気をつけたい。

質問②の答え

「あなたの隣の人はどちらが兄だと答えると思いますか？」と聞けばいい。もし兄が答えるなら隣の人＝弟がいうウソの答えをそのまま、逆に弟なら隣の人＝兄がいう答えの反対の答えを教える。だから、返答とは反対の人物が兄になる。

STEP 5

「収集力」

誰よりも速く深く情報を捉えるテクニック

新聞や書籍、インターネットなどで日々伝えられる多くの情報。その中からいまの自分に本当に必要な情報だけを見つけ出すための、すぐに実践できるテクニックを紹介しよう。

情報収集の第一歩は情報をあえて“捨てる”ことから

「部屋を広く見せる収納術」とか「簡単インテリアテクニック」といった見出しにひかれて雑誌を立ち読みしてみると、そこにはたいていこんなことが書かれている。「新しいモノをひとつ買うときは、古いモノをひとつ処分しよう」。

これはなにもインテリアの話に限ったことではない。情報の整理にもこれと同じ法則が適用できる。

まず手始めに、会社の机が書類や資料で埋もれている人は古くなったものからどんどん処分しよう。もちろん、必要な情報はデータ化やファイリングしておく必要がある。

これと同じ要領で、**頭の中にある情報も整理や処分をする**といい。

それには、**脳にある情報をとにかく言語化してアウトプットする**ことだ。インプットしてため込むばかりではなく、吐き出してすっきりさせてしまおう。

不必要な情報は捨ててスペースを空けておく

アウトプットするにはさまざまな方法があるが、手っ取り早いのは**自分の手を動かして書き出していく**ことである。日報や日記にその日の出来事や知り得た情報を記していくのもいいだろう。

脳は、一方で〝忘れる〟という機能も持っている。しかし、もし忘れてしまったとしてもアウトプットしたものを見ればまた思い出すことができるのだ。

現代人は24時間絶え間なく流れ出る情報に囲まれて生活している。

とはいえ、目にする情報を考えもなしに丸飲みしてしまってはそれに踊らされるばかりだ。自分のキャパシティーを心得て、確実な情報管理を行いたい。

ネットの「即時性」を最大限に利用する検索法

インターネットの最大の武器はその「即時性」にある。なにしろ、世界中どこにいてもネットを通じて一瞬で多くの人やモノにアクセスすることができる。しかも、情報が常に更新されているのだ。

この即時性を最大限に活用すべく、とにかくピンときた情報はすぐに検索するクセをつけておこう。

たとえば、テレビを見ていて気になる新商品のＣＭを目にしたとする。

さっそくその商品名をインターネットで検索してみよう。テレビでＣＭを流すほどの販促を行っているなら、たいていはその商品の公式ホームページがオープンしているはずだ。そこでは商品の詳しい情報はもちろん、新発売キャンペーンなどお得な情報を手に入れることができる。

また最近では、何かのキーワードで検索をかけるとその検索結果には個人のブロ

気になるキーワードを検索するとこんな情報が手に入る

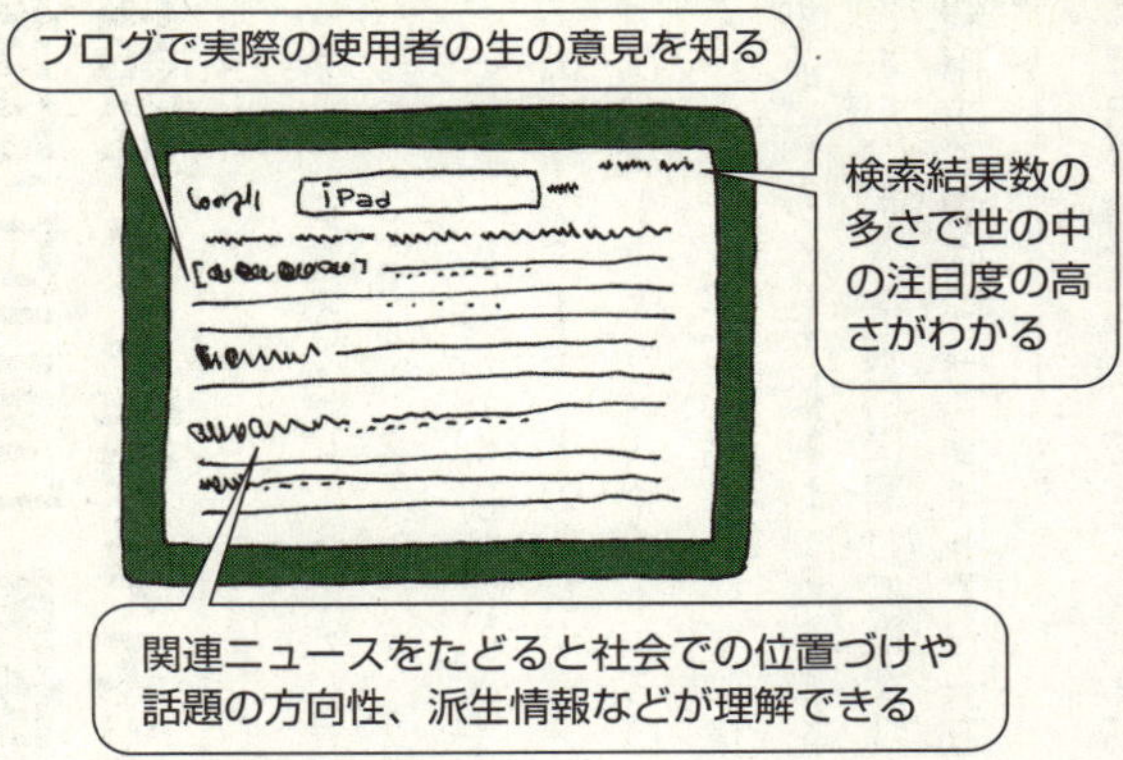
ブログで実際の使用者の生の意見を知る
iPad
検索結果数の多さで世の中の注目度の高さがわかる
関連ニュースをたどると社会での位置づけや話題の方向性、派生情報などが理解できる

グがずらりと並ぶケースが増えてきた。

そこでは新商品をいち早く試したユーザーのリアルな感想を読むことができる。

このようにして、あるキーワードに対して企業や一般ユーザーなどのさまざまな目線で発信された情報を〝肉づけ〟していくことができるのだ。もちろん、これをビジネスに活かさない手はない。

実際に、ある著名なWebディレクターも、新しい企画を考えるときには個人のブログはもちろん、コミュニティ型のWebサイトであるSNSやツイッターをチェックしてユーザーの旬な声をヒントにしているというから、この方法はおおいに参考にしたい。

女性は「口コミ」、男性は「比較サイト」でチェックする

何か買い物をするときに、あなたはまずどんなアクションを起こすだろうか。そう聞かれて、「まずはネットで調べてから」と答える人が年々増えている。

そのせいか、以前よりも衝動買いをする人が少なくなっているといわれており、その一因にインターネットの普及が考えられている。

今では、メーカーの公式サイトから口コミサイト、さらに個人のブログまでインターネット上で気軽に商品についての情報が得られる。つまり、買い物をするときには事前にじっくりと検討してから腰を上げる人が増えたのである。

ところが、ネット利用に関しては女性と男性では少々異なる傾向がある。**女性が主に利用するのは口コミサイトで、一方の男性は比較サイトでチェックする**というのだ。

女性は口コミサイトに書きこんだり、他のユーザーの意見を読んだりと、まるで

買い物をするときに重視している情報はこれだけ違う

女性	男性
・実際に使った人の感想 ・より多くの使用者の意見	・商品の詳しいスペック ・商品の値段
↓	↓
口コミサイト	比較サイト
多くの人が「いいね」といっているものを買いたい	商品そのものを検討して自分が納得して買いたい

コミュニケーションを楽しむように情報を収集している。これに対して男性は、商品のスペックなど純粋に商品を購入するための情報だけを求めているのだ。

これは、男性と女性のショッピングに対する考え方の違いからきているとも考えられる。

女性は比較的時間をかけて買い物自体を楽しみ、ときには見ているだけでも楽しいと感じる一方で、**男性は欲しいものだけを買う**、つまりモノを買うという目的のためだけに買い物をする傾向があるのだ。

マーケティングにも役立ちそうなこの傾向、覚えておいて損はないだろう。

アイデアが浮かぶ、やる気が出る「スクラップ・テクニック」

「それでは、最後にひとつ明るい話題をお伝えします」。

ニュース番組の最後に、キャスターがこんなひと言を口にするシーンに出くわしたことはないだろうか。つまり、この〝ひと言〟が必要なほど、そのときのニュース番組は〝暗い話題〟で占められていたということだ。メディアを中心に世間にあふれている情報の多くは、どちらかといえば暗い情報なのだ。

そんな、下を向いてしまうような暗い情報が多いときこそ、チャンスに転じる可能性がある〝明るい情報〟を積極的に集めておきたい。

不況にあえいでいる社会において人々は状況を少しでも改善するために問題の原因を探り、マイナス要因を突き詰めて考えていく。それらは複雑に絡み合っているため、一度考えだすと問題点は次々と浮き彫りになってくる。

ところが、人ひとりが処理できる情報の量には限りがある。そのキャパシティー

“明るい情報スクラップ”で思考をプラスに！

明るいひらめきがほしいときに
ヒントになる1冊
○千年前の鏡を発掘
○○さんを激励
高校生お手柄！
○○さん宇宙へ
世界初の快挙
新薬 開発成功

をすべてマイナスな情報だけで埋めてしまっては、チャンスに転じる可能性を持っている情報を見過ごしてしまうことにもなりかねない。

たとえば、2020年に東京で開催されるオリンピックでは、社会も経済も目まぐるしく変化することが予想される。そこで、オリンピックに関する情報をスクラップしてみるのだ。

ビジネスであまりに悲観的になりすぎると、かえって歩みを止めてしまうことになる。

状況を好転させるためには、ときに楽観的にふるまってみるのもひとつの方法なのだ。

新聞10紙を30分で読み切る〝時短〟読破術

世の中の動きを幅広くとらえるためにも、できれば毎日数紙の新聞に目を通したい。ところが、ひと口に新聞といっても全国紙や経済専門紙、業界紙とその種類は多く、読むだけでもかなりの時間がかかってしまう。1紙を10分で読んだとしても、6紙を読めばそれだけで1時間はたっぷりかかる計算になる。

しかし、ある読み方さえマスターすれば毎日10紙に目を通すことも夢ではないのだ。といっても、速読のような特殊技術を駆使するわけではない。

それは、記事をすべて読むのではなく、**見出しだけに目を通しながら各紙の違いをチェックする**という読み方である。

記事の内容は見出しに要約されているので、これを読むことでそこに何が書かれているのかおおよその見当はつく。そこで、**まず1紙だけをじっくりと読んで、それから他の新聞では見出しの違う記事だけを拾い読みする**のである。

新聞10紙を30分で読む方法

① まず、いつもの1紙をじっくりと読む

② すでに読んだ記事を飛ばして他紙を読む

③ 同じ内容の記事で論調の違うものは、比較して読むと理解が深まる

こうして読めば、その新聞でしか報じていない記事を拾うことができる。しかもこのやり方なら、わずかな時間でも10紙あまりの新聞を一気に〝読む〟ことができるのである。

速い人なら全部読み終えるのに30分もかからないだろう。全国紙から業界紙まで幅広く目を通せば視野も広がり、仕事に役立つニュースに出会うチャンスも増えるに違いない。

新聞は1紙を熟読することも大切だが、目先を変えて多くの新聞に目を通すことで本当の情報収集ができる。限られた時間で多くの生きた情報を集めるためにも、ぜひ活用したい時短テクニックである。

この「ネット検索術」でニュースの裏側を見抜く

日常生活には欠かせなくなったインターネット。日本のインターネット人口は2011年に9610万人となり、13~49歳までは9割がインターネットを利用している。

とはいえ、情報をただ漫然と検索しているだけでは時間ばかりが過ぎてしまう。

そこでおすすめしたいのが、**気になるテーマを見つけたときは、それをとことん掘り下げてみる**という検索法である。

これを続けると、そのうち思わぬ情報にたどり着き、それまでは見えてこなかった新しい事実を知ることもできるのだ。

たとえば、「地球温暖化」について調べていたとしよう。すると検索結果には、温室効果ガスが地球環境に与える影響について解説したホームページをはじめ、各国の温暖化対策やカーボンオフセットの現状を述べたページ、温室効果ガス以外の

気になるワードを掘り下げて検索する

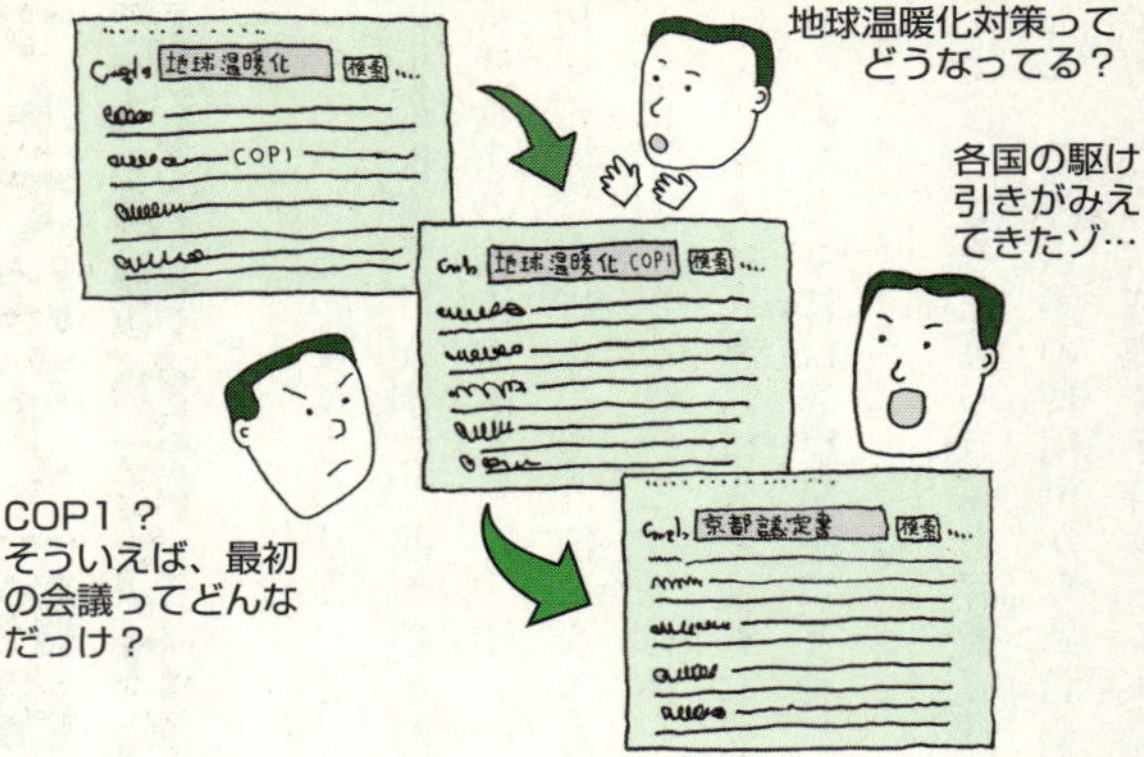
地球温暖化
検索
COP1
地球温暖化対策って
どうなってる？
地球温暖化 COP1
検索
各国の駆け
引きがみえ
てきたゾ…
COP1？
そういえば、最初
の会議ってどんな
だっけ？
京都議定書
検索

温暖化の要因などさまざまな情報が掲載されたページのトピックスが表示される。

その中から、気になったページを開いて最新の情報をチェックし、さらにそのページの気になる言葉を調べるというように情報をとことん掘り下げていくのだ。

そのときに注意しておきたいのは、個人のページはもちろん、たとえ新聞社や政府のような公共性のあるホームページであっても、掲載されている内容をそのまま鵜呑みにしないことだ。

なかには私見や偏った情報もある。少しでも疑問に思うなら、**ひとつの情報ソースだけに頼らず、テレビや新聞など複数のメディアの情報を重ね合わせたい。**

ネットではなく「辞書」で調べると幅広い情報が得られる

インターネットの普及はめざましく、特にスマートフォンにおいては、2012年度の世帯保有率は5割で、前年の3割から大きく増加している。電車の乗り換え案内や飲食店の検索はもちろん、難しい言葉の意味や英文の和訳など、ネット検索を利用するのはもはや当たり前になった。

たしかに、ネットを使いこなせば欲しい情報を驚くほど短時間で手に入れることができる。忙しいときには大変便利なツールだ。

それでも、ときには辞書を手にとって情報との偶然の出会いを楽しむことをおすすめしたい。

たとえば、ある言葉の意味を辞書で調べてみたとしよう。そこには言葉の意味はもちろん、その言葉の使用例から熟語やことわざ、慣用句などが載っている。少し詳しい辞書なら、古典や名作などで実際にその言葉が使われている一文を引用して

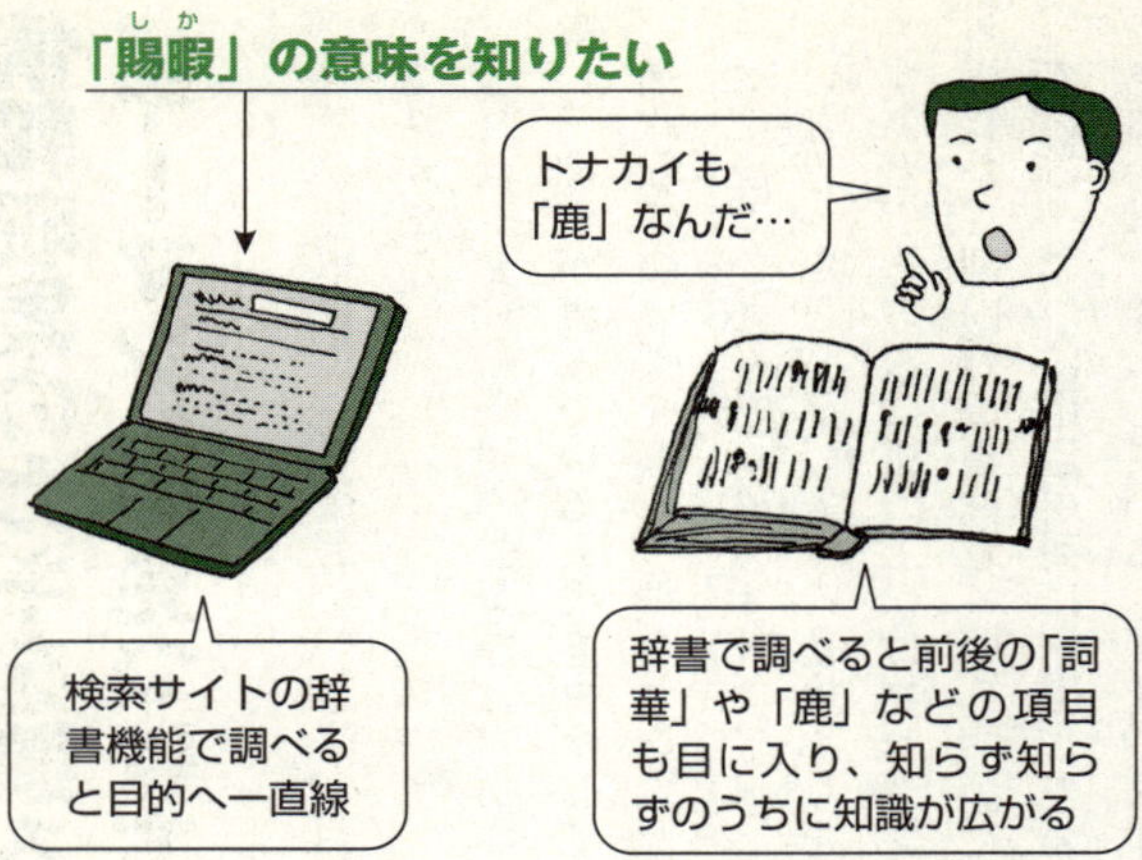
「賜暇《しか》」の意味を知りたい
トナカイも
「鹿」なんだ…
検索サイトの辞
書機能で調べる
と目的へ一直線
辞書で調べると前後の「詞
華」や「鹿」などの項目
も目に入り、知らず知ら
ずのうちに知識が広がる

いるケースもある。

また、調べたい項目の前後に書かれている項目や、つい開いてしまったページにふと目がとまることもあるだろう。そういった〝余分な情報〟は、きっとあなたの知的好奇心を掻き立ててくれるばかりか、**ボキャブラリーを増やすことにもひと役買ってくれる**はずだ。

そんな情報とのさまざまな出会いを演出してくれる代表選手が、紙の辞書なのである。

何かと忙しい現代ではあるが、デジタルで直線的な思考スタイルばかりではなく、**書籍や辞書のようなアナログ的で幅広い思考も持ち合わせていたい**ものだ。

情報収集のカギを握る〝キーマン〟の見つけ方

自分の仕事に役立つ情報を、さほどお金も時間もかけずに効率よく収集する簡単な方法がある。

それは、会社の上司や先輩など、あなたが**身近で尊敬している人物を徹底的に観察し、彼らが読んでいるものをマネして読んでみる**ことだ。その人物こそ、あなたの情報収集のカギを握る〝キーマン〟となるのである。

たとえば、取引先でのプレゼンテーションが巧みな先輩を見て、自分もそうなりたいと思ったら、その先輩の仕事ぶりを注意深く観察してみるのだ。

すると、その人の机の上にはプレゼンをするだいぶ前からライバル会社に関連する資料や、国内外で類似している商品やサービスについての資料などが山積みになっている。じつに用意周到に準備していることに気づいたりする。

あるいは、尊敬している上司を観察すると、よく持ち歩いているビジネス専門誌

情報収集がうまい上司や先輩の情報ソースをチェックする

よく読むビジネス書の著者は？
購読紙は？
つき合いの深い業界の人物は？
いつもチェックしているテレビ番組、ラジオ番組は？

や経済誌があるのに気づくかもしれない。

こうして相手の特徴がみえてきたら、あとは自分でできる範囲でその人たちのことを徹底的にマネしてみるのである。

そうするといつの間にか、これまでは知らなかった仕事に関する専門知識が深まったり、会議で役に立ちそうな資料をあらかじめ集められるようになったり、積極的に発言できるようにもなる。

また、雑誌の記事が共通の話題となって上司や得意先と話がはずむかもしれない。何気ない雑談の中に思わぬヒントが隠れていることもあるのだ。

今日からすぐにでも始められるこの情報収集術、試してみる価値はある。

考えに行き詰まったら訪れたい「場所」とは

新しいアイデアが思いつかず、考えに行き詰まったらどうしているだろうか。

こんなときには、ひと息入れるために散歩に出かけて頭を切り替えるのもひとつの方法だが、ぜひ試してほしいのが近所の本屋をぶらりとのぞいてみることだ。

なぜなら、書店は〝いま〟という時代を映し出す鏡だからだ。店頭には新刊の書籍や雑誌が陳列されているが、それらには読者の関心を引くようなタイトルがつけられている。

たとえば、「アウトドア女子で行こう！」とか「今読み直したいビジネス名著」というようなものを見つけたとする。すると、このタイトルから「アウトドアは最近は女性の間でも人気なのか」と想像できるし、「ビジネスの古典を読み解いて何かを学ぼうとしている人は多い」ということを推測できるだろう。

また、**売れ筋の書籍が並んだ書棚の前に立ち、本のタイトルから時代のキーワー**

書店をざっとひと回りすれば〝いまの傾向〟が見えてくる

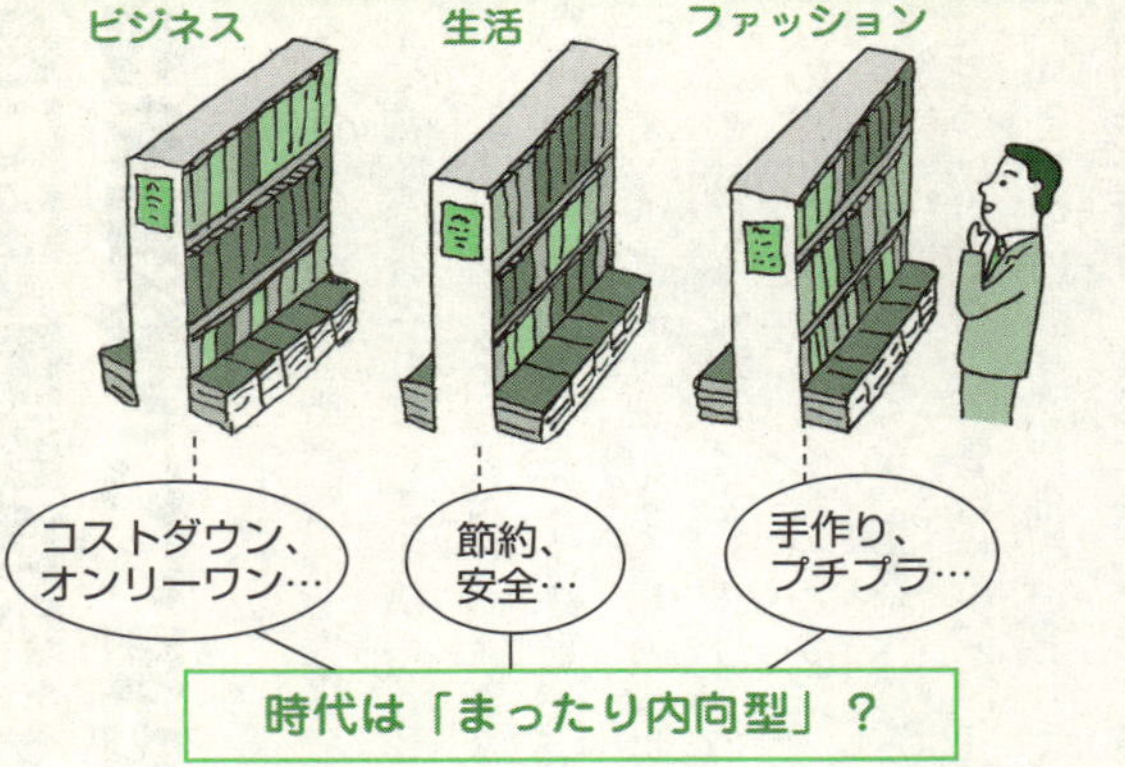
ビジネス
生活
ファッション
コストダウン、オンリーワン…
節約、安全…
手作り、プチプラ…
時代は「まったり内向型」？

ドを自分なりに考えてみてもいい。

たとえば、本の背表紙に「〇〇の品格」「〇〇力」などの言葉が目立つようなら、実際にそれらの本を手に取って目次を見たり、本の帯を読んだりして内容をチェックしてみる。

そこから新しいアイデアに結びつくこともあるだろう。

このように、書店を利用するときは好きな分野の売り場だけに行かずに、店内全体をアイデアを生み出す〝宝箱〟として考えてみる。

すると、**いろいろな分野の本を観察しているうちに、今まで考えもしなかったことを思いつくヒントに出会えるのだ。**

ときには〝衝動買い〟で情報を得るといい理由

本を買うときには、衝動買いも大事である。

日本で毎年発行されている書籍の新刊点数は約7万5000冊ともいわれており、新聞やインターネットなどさまざまなメディアの書評欄では、大学教授や作家などの〝本読みのプロ〟によって毎週多くの本が紹介されている。

また、ネット書店を利用する場合には、商品の紹介とともに掲載されている「読者レビュー」にも目がいってしまうものだ。何より実際に本を購入して読んだ人の評価なのだから、こちらもなかなか説得力がある。

ただし、それらはあくまでも他人の意見であることを忘れないようにしたい。さらに気をつけたいのは、書評やレビューを手当たりしだいに読んだだけで、その本を読み終えた気になってしまうこともよくあるということだ。

気になった本は、実際に手にとって自分でページをめくってみないことには活き

いまの自分に必要な本は探さなくてもピンとくる

た知識にはならないのである。

そこで書評だけに頼らず、タイトルや著者、帯に書かれたキャッチコピーなど何かひとつでも目にとまった本は、その場で衝動買いすることもおすすめしたい。

じつは、自分が「ピン」ときた本というのは、自分を高めるために必要なものだったり、意外と役に立つものだからだ。

それに、身銭を切った本なら、ひとつでもためになる情報を見つけようと本を開いたときの気持ちが違うはずだ。

本ならば高価なブランド品を衝動買いしたときほど懐を痛めることもないだろう。だからこそ、こと本に関しては堂々と衝動買いしてもらいたい。

収集力ドリル

質問①

ある共通の特徴がある言葉を集めて２つのグループをつくった。では、「タイヤ」はどちらのグループに分類できるだろうか？

A	サル	血行	クロス	クリーン
B	イヌ	血圧	ストレート	クリアー

質問②

１冊でも多くの書籍を読んで、仕事に活かせる情報やスキルを学びたい。さて、読書の方法として正しいのはどっち？

A ３分の１くらいまで読んでどうにも興味がわかなかったら、そこで本を閉じてしまう
B 何かプラスになる情報が隠れているかもしれないので、一度読み始めたらとにかく最後まで読み通す

質問①の答え…A
Aはどれも濁点をつけると、「ザル」「月光」「グロス」「グリーン」というように別の言葉になる。一見、なんの共通点もない言葉にこのようなルールを見出すことができれば、「タイヤ」は「ダイヤ」となるのでAに分類される。

質問②の答え…A
特に実用書などは３分の１程度まで読んでピンとこなければ、そのあとの内容も期待できないだろう。時間がないなかでの読書はスピードが命。自分に合ったものを選んでいくほうが近道なのである。

参考文献

『あなたの知らない脳の使い方・育て方』（デイビッド・ギャモン&アレン・D・ブラグドン／誠文堂新光社）、『「プレゼン」の基本&実践力がイチから身につく本』（鶴野充茂／すばる舎）、『仕事が劇的にうまくいく情報収集力』（久我勝利／成美堂出版）、『嘘を見破る質問力　反対尋問の手法に学ぶ』（荘司雅彦／日本実業出版社）、『伝える力　各界トップランナーが講師をつとめる自己表現の教室』（久恒啓一・知的生産の技術研究会編／すばる舎）、『頭をよくする　ちょっとした「習慣術」』（和田秀樹／祥伝社）、『頭がいい人の習慣術　実践ドリル版』（小泉十三／河出書房新社）、『観察力をつける〈知のノウハウ〉』（小川明／日本経済新聞社）、『大人の表現術』（中島孝志／主婦の友社）、『信頼される人のキメのひと言』（浦野啓子／幻冬舎）、『対人術』（山﨑武也／日本経済新聞社）、『すごい「実行力」』（石田淳／三笠書房）、『五感で磨くコミュニケーション』（平本相武／日本経済新聞社）、『「分かりやすい説明」の技術　最強のプレゼンテーション15のルール』（藤沢晃治／講談社）、『「考える力」をつける本』（轡田隆史／三笠書房）、『なぜか、「仕事がうまくいく人」の習慣　世界中のビジネスマンが学んだ成功の法則』（ケリー・グリーソン著、楡井浩一訳／PHP研究所）、『考えないヒント　アイデアはこうして生まれる』（小山薫堂／幻冬舎）、『学力アップの心理学　記憶力・創造力・集中力を伸ばす!!』（齊藤勇編／誠信書房）、『40歳からの「3秒間」集中力鍛錬法』（中島孝志／講談社）、『インタビュー術！』（永江朗／講談社）、『短時間で成果をあげる　できる人の勉強法』（安河内哲也／中経出版）、『大人のスピード勉強法　時間がない人の66の具体例』（中谷彰宏／ダイヤモンド社）、『なぜか「好感」をもたれる女性のほんのちょっとした違い』（今井登茂子／河出書房新社）、『営業部は今日で解散します。「伝える力」のアイデア帳』（村尾隆介／大和書房）、『嫌いものは嫌ときっぱり伝える対話術』（バルバラ・ベルクハン著、瀬野文教訳／草思社）、『一瞬で伝える「わかりやすさ」の技術』（齊藤孝／大和書房）、『〔図解〕自分の考えをしっかり伝える技術』（八幡紕芦史／ＰＨＰ研究所）、『１分で大切なことを伝える技術』（齊藤孝／ＰＨＰ研究所）、『アイデアを形にして伝える技術』（原尻淳一／講談社）、ほか

（ホームページ）
オールアバウト

※本書は、２０１０年７月に『図解１分ドリル この一冊で「学ぶ力」と「伝える力」が面白いほど身につく！』として小社より刊行されたものを改題し、加筆、修正のうえ、再編集したものです

青春文庫

図解《ずかい》1分《ぷん》ドリル
この一冊《いっさつ》で「伝《つた》える力《ちから》」と
「学《まな》ぶ力《ちから》」が面白《おもしろ》いほど身《み》につく！

2013年11月20日　第1刷

編　　者　知的生活追跡班《ちてきせいかつついせきはん》

発 行 者　小澤源太郎

責任編集　株式会社プライム涌光

発 行 所　株式会社青春出版社

〒162-0056　東京都新宿区若松町 12-1
電話 03-3203-2850（編集部）
03-3207-1916（営業部）
振替番号　00190-7-98602

印刷／共同印刷
製本／フォーネット社

ISBN 978-4-413-09586-0

知らなきゃ損する65項
保険と年金の怖い話
このままでは、いざという時、お金がない！——病気も事故も老後の暮らしもゼッタイ安心の方法
長尾義弘
(SE-568)

結果がどんどん出る「超」メモ術
営業ツール、就活ノート、レシピ帳にも！
記憶容量200％、アイデア創出、情報集計＆分析…これらすべて、ノートが勝手にやってしまいます！
中公竹義
(SE-569)

この一冊で「考える力」と「話す力」が面白いほど身につく！
頭の中を「スッキリ」整理して伝えるツボがきっしり!!
知的生活追跡班［編］
(SE-570)

この一冊で「読む力」と「書く力」が面白いほど身につく！
情報を「サクッ」と入手して使うコツがぎっしり!!
知的生活追跡班［編］
(SE-571)

ほんとうのあなたに出逢う ◆ 青春文庫

500社を見てきた社労士がこっそり教える
女性社員のホンネ

長沢有紀

女性社員の気持ちがわかると「女性社員がよく働くようになる」→「上司であるあなたの評価もアップ」全てが好転！

(SE-572)

10分でもっと面白くなるLINE(ライン)

戸田　覚

チャットから無料通話、スタンプのおもしろ活用法まで、楽しみ方満載！安心、安全な使い方もわかる！

(SE-573)

すぐに試したくなる
実戦心理学！

おもしろ心理学会［編］

ちょっとした「言い方」「しぐさ」で人の心はこうも動く！ No.1営業マン、販売員、キャバ嬢…の心理テクを大公開!!

(SE-574)

ムダ吠え・カミぐせ・トイレ問題…
たった5分で
犬はどんどん賢くなる

藤井　聡

マンガでなるほど！　犬の〝ホントの気持ち〟がわかれば、叱らなくていい！カリスマ訓練士のマル秘テクニック

(SE-575)

これは絶品、やみつきになる！
食品50社に聞いた イチオシ！の食べ方
㊙情報取材班［編］
定番商品からあの飲食店の人気メニューまで、担当者だからこそ知っているおいしい食べ方の数々！
(SE-580)

この一冊で「炭酸」パワーを使いきる！
前田眞治［監修］
ホームライフ取材班［編］
こんな効果があったなんて！
(SE-581)

雑談のネタ帳
大人の四字熟語
野末陳平
できる大人はこんな言い方・使い方を知っている！ 新旧四字熟語が満載！
(SE-582)

「頭がいい人」は脳をどう鍛えたか
保坂　隆［編］
いくつになっても頭の回転は速くなる！ 最新科学でわかった今日から使える仕事・勉強・日常生活のヒント。
(SE-583)

知らなきゃ損する！「NISA」㊢入門

話題の少額投資非課税制度、
そのポイントとは？ 押さえて
おきたい情報だけをこの1冊に。

藤川 太［監修］

(SE-585)

この一冊で「伝える力」と「学ぶ力」が面白いほど身につく！

人の気持ちを「グッ」と
引きつけるワザがぎっしり!!

知的生活追跡班［編］

(SE-586)

大好評の「図解1分ドリル」シリーズの第1弾!

図解1分ドリル

この一冊で「考える力」と「話す力」が面白いほど身につく!

知的生活追跡班[編]

頭の中を「スッキリ」整理して
伝えるツボがぎっしり!!

ISBN978-4-413-09570-9　500円